Un camp de la mort nazi oublié en Biélorussie

Maly Trostenets

5-7, rue de l'École-Polytechnique ; 75005 Paris
http://www.harmattan.fr
diffusion.harmattan@wanadoo.fr
harmattan1@wanadoo.fr
ISBN : 978-2-343-06005-7
EAN : 9782343060057

Didier Chauvet

UN CAMP DE LA MORT NAZI OUBLIE EN BIELORUSSIE

MALY TROSTENETS

L'Harmattan

DU MEME AUTEUR

<u>**Sur le nazisme:**</u>

Sophie Scholl: une résistante allemande face au nazisme, L'Harmattan 2004 (collection Allemagne d'hier et d'aujourd'hui, dirigée par Thierry Feral).

Georg Elser et l'attentat du 8 novembre 1939 contre Hitler, L'Harmattan 2009 (collection Historiques, série Travaux, dirigée par Bruno Péquignot et Denis Rolland).

Le nazisme et les Juifs : caractères, méthodes et étapes de la politique nazie d'exclusion et d'extermination, L'Harmattan 2011 (collection Allemagne d'hier et d'aujourd'hui, dirigée par Thierry Feral).

Hitler et le putsch de la brasserie: Munich, 8/9 novembre 1923, L'Harmattan 2012 (collection Allemagne d'hier et d'aujourd'hui, dirigée par Thierry Feral).

La Rose blanche : des étudiants contre Hitler, dans Histoire du Christianisme magazine n°64 de janvier 2013 (éditions CLD).

Hitler et la Nuit des longs couteaux : (29 juin – 2 juillet 1934) : La Sturmabteilung (SA) décapitée, Edilivre-Aparis 2014

<u>**Autre documentaire:**</u>

Mary Jane Kelly: la dernière victime de Jack l'Eventreur, L'Harmattan 2002 (collection Graveurs de mémoire)

A Célina
A Benjamin
A Chloé
A Léo

« Si nous cessions d'y penser, nous achèverions de les exterminer, ils seraient anéantis définitivement. Les morts dépendent de notre fidélité. »

Vladimir JANKELEVITCH,
L'Imprescriptible, Paris, 1986, p.59-60.

« l'anéantissement [...] des Juifs d'Europe fut le premier processus de destruction mené à terme dans le monde. Pour la première fois dans l'histoire de la civilisation occidentale, les agents du crime avaient surmonté tous les obstacles, administratifs et moraux, à un massacre organisé. »

Raul HILBERG,
La destruction des Juifs d'Europe, Paris,2006, Folio histoire, T 3, p.1931-1932.

PREAMBULE

L'historiographie française a tout dit et tout écrit de nos jours sur la Shoah et sur les camps nazis majeurs, ces mastodontes de l'exécution de masse. Les noms et les meurtres d'Auschwitz-Birkenau, de Belzec, de Chelmno, de Majdanek, de Sobibor et de Treblinka ne sont plus ignorés par personne. Il en est de même pour les camps de concentration et de travail à grande échelle:Bergen-Belsen, Buchenwald, Dachau, Dora-Mittelbau, Flossenbürg, Groß-Rosen, Mauthausen, Neuengamme, Ravensbrück, Sachsenhausen, Struthof-Natzweiler, Stutthof. Mais, à côté de ces camps, il existait de très nombreux camps « mineurs », d'une envergure variable, qui sont aujourd'hui oubliés ou largement méconnus du grand public en France. En effet, contrairement à leurs homologues précédemment cités, ils demeurent dans l'ombre de l'Histoire. Pourtant, des milliers de femmes et d'hommes ont souffert et sont morts dans ces enceintes. Ces camps n'ont jamais été étudiés dans des ouvrages spécifiques, et à peine évoqués au fil de quelques lignes dans des ouvrages sur la Solution finale de la question juive ou sur l'univers concentrationnaire nazi. C'est le cas du camp de Maly Trostenets. Le présent ouvrage est donc le premier en France à se pencher dans le détail sur les faits tragiques qui se déroulèrent dans ce camp situé en Biélorussie près de Minsk. Un livre précurseur qui, nous l'espérons, sera suivi par d'autres. En revenant sur les crimes perpétrés à Maly Trostenets, nous souhaitons poser une pierre supplémentaire pour construire, en analysant un passé si brutal, un avenir meilleur.

I

LE SYSTEME CONCENTRATIONNAIRE NAZI

a) Les premiers camps

Le pouvoir nazi érigea dès 1933 des camps de concentration à travers toute l'Allemagne afin d'interner, dans des conditions extrêmement pénibles, les opposants politiques au régime nouvellement en place. Ainsi, dès le 21 mars 1933, le célèbre camp de concentration (*Konzentrationslager*[1]) de Dachau, près de Munich, ouvrit ses portes. A cette occasion, Heinrich Himmler (1900-1945), alors Préfet de police de Munich, tint une conférence de presse dont le journal les *Dernières nouvelles de Munich* rendit compte:

« [...] Le camp de Dachau a une capacité de 5000 hommes, déclara le Préfet de police de Munich Himmler. Ici seront rassemblés tous les permanents communistes et, si nécessaire, sociaux-démocrates et marxistes, qui mettent en danger la sécurité de l'État, car il n'est pas possible à la longue, si on ne veut pas surcharger l'appareil de l'État, de laisser les différents responsables communistes dans les prisons et il ne convient pas non plus de les remettre en liberté. Le résultat des quelques tentatives que nous avons faites en ce sens fut qu'ils continuent à faire de l'agitation et à tenter de s'organiser. Nous avons eu recours à cette mesure sans prendre en considération des scrupules mesquins, persuadés que nous agissons ainsi pour la sécurité de la population nationale[2] [...] »

Les premières victimes du terrible système concentrationnaire nazi furent donc en premier lieu, les communistes, les sociaux-démocrates, les militants syndicalistes, puis vint ensuite le tour de nombreux membres des partis conservateurs. L'Allemagne nazie

---

1 *KL* appellation officielle ou *KZ* appellation courante.

2 *Dernières nouvelles de Munich*, n° 79, du 21 mars 1933.

compta de multiples formes et réseaux de résistance[3]. En effet, malgré l'extrême difficulté et dangerosité que représentait le fait de s'opposer aux nazis en Allemagne même, de nombreux Allemands s'engagèrent néanmoins dans cette voie. Sous des formes diverses, avec une force et une acuité variables, avec un temps de latence plus ou moins important, mais toujours avec conviction, ils luttèrent face à la barbarie. Ainsi, de 1933 à 1939, 225 000 personnes furent condamnées pour des motifs politiques à des peines de prison plus ou moins longues et 1 000 000 d'Allemands furent enfermés dans des camps de concentration pour les mêmes raisons[4].

A côté des camps officiels comme ceux de Dachau, de Breslau dirigé par le chef SA Edmund Heines (1897-1934), de Bredow, près de Stettin, dirigé par le Gauleiter Wilhelm Karpenstein (1903-1968), de nombreux petits

3 Sur la résistance allemande au nazisme, lire notamment : G.BADIA, *Les Allemands qui ont affronté Hitler*, Paris, L'Atelier 2000, D. CHAUVET, *Georg Elser et l'attentat du 8 novembre 1939 contre Hitler*, Paris, L'Harmattan 2009, D. CHAUVET, *La Rose blanche : des étudiants contre Hitler* dans L'Histoire du Christianisme magazine, n°64 de janvier 2013, D. CHAUVET, *Sophie Scholl : une résistante allemande face au nazisme*, Paris L'Harmattan 2004, F. HERVE, *Femmes, nazisme et résistance*, notices bibliographiques dans Allemagne d'aujourd'hui, 122/1992 et 131/1995, P.HOFFMANN, *La résistance allemande contre Hitler*, Paris, Balland 1984, B. KOEHN, *La Résistance allemande contre Hitler*, Paris, PUF 2003, C.LEVISSE-TOUZE et S.MARTENS, *Des Allemands contre le nazisme*, Paris, Albin Michel 1997, G. MERLIO, *Les Résistances allemandes à Hitler*, Paris, Tallandier 2001, JP. PICAPER, *Opération Walkyrie*, Paris, L'Archipel 2009, G.SANDOZ, *Ces Allemands qui ont défié Hitler*, Paris, Pygmalion 1995, Inge SCHOLL, *La Rose blanche : six Allemands contre le nazisme*, Paris, Minuit 2006, A.SIZAIRE, *Les Roses du mal. Portraits de résistants allemands au nazisme*, Paris, Aléas 1995, JL. THIERIOT, *Stauffenberg*, Paris, Perrin 2009, G. WEISENBORN, *Une Allemagne contre Hitler*, Paris, Le Félin 2007.
4 Günther WEISENBORN, *Une Allemagne contre Hitler*, Paris, Le Félin 2007, pp.48-49.

camps ou prisons « clandestins » virent le jour, comme à Berlin où des caves devinrent des lieux de détention et de torture[5]. L'existence de ces camps clandestins entraîna une vive réaction du Ministre de la Justice, Franz Gürtner (1881-1941), qui s'en ouvrit directement à Adolf Hitler (1889-1945) :

« Les prisonniers n'ont pas seulement été frappés à coup de fouet et d'outils jusqu'à en perdre connaissance, et sans aucune raison, comme dans le camp d'internement de sécurité de Bredow près de Stettin, mais ils ont aussi été torturés d'autre façon[6]. »

Les camps « clandestins » ne perdurèrent pas et furent pour la plupart dissous lorsque le système concentrationnaire nazi fut organisé par Theodor Eicke (1892-1943)[7]. Placé à la tête du camp de Dachau en juin 1933[8], Eicke mit en service sa vision de l'univers concentrationnaire basée sur la discipline et le châtiment afin de « briser psychologiquement, moralement et physiquement les prisonniers[9]. » Le règlement qu'il rédigea était sans concession :

« Chaque prisonnier en détention de sécurité a la liberté de réfléchir sur le motif pour lequel il est venu au camp de concentration. Ici, l'occasion lui est offerte de changer de sentiments intimes à l'égard du peuple et de la patrie, et de

---

5 Heinz HÖHNE, *L'ordre noir, histoire de la SS*, Tournai, Casterman 1972, p.63.

6 Jacques DELARUE, *Histoire de la Gestapo*, Paris, Fayard 1962, p.58.

7 Olga WORMSER-MIGOT, *L'ère des camps*, Paris, Union générale d'éditions 1973.

8 Guido KNOPP, *Les SS : un avertissement de l'histoire*, Paris, Presses de la Cité 2006, p.65.

9 Arno J. MAYER, *La Solution finale dans l'Histoire*, Paris, La Découverte 1990, p.153.

se dévouer à la communauté populaire sur la base nationale-socialiste, ou bien, s'il y attache plus de prix, de mourir pour la sale IIe ou IIIe Internationale juive d'un Marx ou d'un Lénine. [...] Quiconque fait de la politique, tient un discours ou des réunions de provocation, forme des clans, se rassemble avec d'autres dans le but d'inciter à la révolte, se livre à une nauséabonde propagande d'opposition ou autre sera pendu en vertu du droit révolutionnaire ; quiconque se sera livré à des voies de fait sur la personne d'un garde, aura refusé d'obéir ou se sera révolté sous quelque forme que ce soit, sera considéré comme mutin et fusillé sur-le-champ ou pendu[10]. »

A compter du 4 juillet 1934, Theodor Eicke fut nommé inspecteur des camps de concentration ainsi que commandant des unités *Totenkopf* (*Inspekteur der Konzentrationslager und Führer des SS Totenkopfverbände*)[11]. A ce titre, il était placé sous l'autorité de Reinhard Heydrich (1904-1942) pour la partie inspecteur des camps et sous celle de Heinrich Himmler pour le commandement des unités *Totenkopf*. Rapidement, Eicke plaida pour un agrandissement des camps déjà en service et déploya une vive activité afin d'obtenir l'ouverture de nouveaux camps et d'utiliser les détenus comme main-d'œuvre servile[12]. D'autre part, dès 1936, Theodor Eicke décida d'interner dans les camps de nouvelles catégories de détenus sans rapport avec l'idéologie politique : chômeurs, mendiants, criminels,

10 Extrait du règlement régissant la discipline et la répression des prisonniers de Dachau, promulgué le 1er octobre 1933. Olga WORMSER-MIGOT, *L'ère des camps, Opus cit.*, p.56 et Guido KNOPP, *Les SS : un avertissement de l'histoire, Opus cit.*, p.64.
11 Georges H. STEIN, *Histoire de la Waffen SS*, Paris, Stock 1977, p.31.
12 Arno J. MAYER, *La Solution finale dans l'Histoire*, *Opus cit.*, p.186.

clochards[13]. A l'intérieur des camps ainsi que pour assurer la surveillance des *kommandos*[14], les gardiens utilisaient l'aide des Kapos, des doyens de block (*Blockälteste*) et des chefs de block (*Blockführer*). Les kapos étaient le plus souvent choisis parmi les prisonniers de droit commun les plus violents. David Rousset (1912-1997), résistant et déporté, écrivit au sujet des kapos : « Les Kapos forment les cadres essentiels, les assises de cette aristocratie des camps. Les chefs de chambre, les *Vorarbeiter*, les policiers, les *Stubendienst*, constituent la très large base de cette bureaucratie[15].» L'organisation des camps était basée sur le principe de cinq départements[16] : le commandement (*Kommandantur, Adjutantur*), la section politique (*Politische Abteilung*), le département de la détention (*Schutzhaft*), le département de l'administration (*Verwaltung*) et le département du médecin-chef (*Lager oder Standortarzt*). Le responsable de la section politique était nommé par le RSHA (*Reichssicherheitshauptamt*), « Office central de la sécurité du *Reich* » et dépendait directement de celui-ci. Le département de la détention était placé sous l'autorité d'un *Schutzhaftlagerführer* qui se trouvait être responsable de la totalité des activités des prisonniers: correspondance, nourriture, sanctions...

---

13 *Ibid.*, p.186.

14 Un *kommando* désignait une unité de travail forcé et, lorsque l'unité était physiquement autonome, le camp qui l'abritait. Il dépendait alors d'un camp de concentration principal.

15 David ROUSSET, *L'Univers concentrationnaire*, Paris, Les Éditions de Pavois, 1946, p. 135.

16 Jean-Paul KAHN, Stephan MARTENS, Bernd WEGNER, *Le Troisième Reich dans l'historiographie allemande*, Presses Universitaires du Septentrion 2013, p.75.

b) Le système concentrationnaire pendant la guerre

Le système des camps de concentration connut un incroyable essor avec la guerre. Ainsi, 21 camps principaux existaient en 1943, et de 21 400 prisonniers à l'été 1939, leur nombre explosa pour atteindre 115 000 prisonniers en août 1942 puis 524 000 prisonniers en août 1944 (dont 10% d'Allemands et 22 nationalités représentées) et enfin 714 000 prisonniers en janvier 1945 au plus fort de la répression nazie[17]. Les camps de concentration connaissaient un taux de mortalité très élevé en raison des conditions de vie et de travail qui y régnaient[18]. Le nombre des morts des camps de concentration, de 1933 à 1945, est estimé à environ 1 050 000 personnes sur les près de 2 millions de prisonniers entrés dans le réseau concentrationnaire[19]. Le 2 janvier 1941, Reinhard Heydrich décida de mettre en place une classification des camps en fonction des faits reprochés aux prisonniers[20]. Cette classification comprenait 3 niveaux. Le niveau I était destiné aux prisonniers qui pouvaient être réinsérés ensuite dans la société, le niveau II concernait ceux qui s'étaient rendus coupables de faits graves aux yeux du régime mais qu'il serait éventuellement possible de ramener dans le droit chemin et le niveau III regroupait les prisonniers quasiment irrécupérables. Mais, cette classification ne fut pas suivie concrètement sur le terrain. Elle était en fait

17 Georges BENSOUSSAN, *Histoire de la Shoah*, Paris, PUF 1996, p.20.

18 Wolfgang SOFSKY, *Die Ordnung des Terrors: das Konzentrationslager,* Francfort, Fischer-Taschenbuch Verlag 1999.

19 Anise POSTEL-VINAY, *Les camps « ordinaires », l'exemple de Ravensbrück*, dans *La Politique nazie d'extermination*, *Opus cit*, p.282 (278-283).

20 Olga WORMSER-MIGOT, *L'ère des camps, Opus cit.,*p.99-102.

davantage une opération visant à masquer la réalité concentrationnaire qu'une véritable politique de proportionnalité entre la « faute » et le châtiment, car certains camps placés en niveau I s'avéraient être aussi durs que ceux placés en niveau II. Seul Mauthausen fut placé en niveau III, le plus extrême de tous. Parallèlement à la classification concernant les camps, il existait également une classification pour les prisonniers en plus de l'étoile jaune pour les Juifs. Ainsi, divers triangles de différentes couleurs cousus sur les uniformes rayés des prisonniers définissaient l'appartenance à une catégorie précise : triangle rouge pour les prisonniers politiques allemands et étrangers (avec la lettre du pays pour les étrangers), triangle vert pour les criminels de droit commun, triangle rose pour les homosexuels, triangle marron pour les Tziganes, triangle bleu pour les immigrés, triangle noir pour les asociaux, triangle violet pour les Témoins de Jéhovah, plus quelques variantes pour les Juifs asociaux ou les prisonniers formés au travail.

D'autre part, le 29 septembre 1941, Oswald Pohl[21] (1892-1951), responsable de l'Office central administratif et économique de la SS (*SS-Wirtschafts- und Verwaltungshauptamt*) mit en place l'*Arbeiteinstaz* destinée à organiser l'exploitation économique et la formidable ressource de travail que représentait les prisonniers. Dans chaque camp, un fichier regroupait et classait les prisonniers en fonction de leurs compétences et de leurs possibilités. Poursuivant cette politique très lucrative d'exploitation de la main d'œuvre juive notamment, il fut confié le 3 mars 1942 à l'*Obergruppenführer* Oswald Pohl la gestion de l'ensemble des camps de concentration en y adjoignant la totalité des

21*Obergruppenführer SS*, chef du service SS-W.V.H.A. (administration et économie SS) dont relevaient les camps de concentration. Il fut condamné à mort par un tribunal militaire allié (USA) à Nuremberg en 1948 et il fut exécuté en 1951.

entreprises appartenant à la SS (*Schutzstaffel)*. Pohl mit en avant que:

«L'internement des prisonniers pour les seules raisons de sécurité, d'éducation ou de prévention n'est plus la condition essentielle; l'accent est à porter maintenant sur le côté économique. Il faut prendre des mesures ayant pour but de transformer les camps de concentration en organisations mieux adaptées aux tâches économiques, alors qu'ils ne présentaient auparavant qu'un intérêt purement politique. [...] Le commandant du camp est seul responsable de l'emploi de la main-d'œuvre disponible, cet emploi doit être total au sens propre du mot, afin d'obtenir le rendement maximum. [...] Il n'y a pas de limites à la durée du travail[22].»

Cette orientation déboucha sur la création de nouveaux camps à la finalité économique tel le camp de Buna-Monowitz ou Auschwitz III, où la production de caoutchouc synthétique par l'IG Farben permit à la SS d'encaisser 4 marks/jour pour un ouvrier qualifié et 3 marks/jour pour un ouvrier non qualifié[23]. Durant la guerre, IG Farben soutint le gouvernement nazi qui voulut l'associer dès 1940 à l'Ordre économique nouveau, en lui permettant de bénéficier d'une main d'œuvre peu chère (début 1941, IG employait 12 360 étrangers, dont 2 162 prisonniers de guerre[24]). L'industrie de l'armement profita également largement de l'utilisation de la main d'œuvre juive. Ainsi, en janvier 1943, selon un rapport allemand du

22 Olga WORMSER-MIGOT, *L'ère des camps, Opus cit.*, p.132.

23 *Ibid.*

24 Peter HAYES, « *La stratégie industrielle de l'IG Farben en France occupée* », *Histoire, économie et société,* 1992, vol. 11, no 11-3, p. 493-514 ainsi que Jean-Philippe MASSOUBRE, H*istoire de l'IG Farben*, Paris, L'Harmattan 2008.

7 juillet 1944[25] du bureau de l'OKW (Haut commandement de la *Wehrmacht*) pour l'économie, sur 105 632 travailleurs dans l'industrie de l'armement 15 091 étaient Juifs, en octobre 1943 sur 130 808 travailleurs 22 444 étaient Juifs et en avril 1944 sur 172 781 travailleurs 27 439 étaient Juifs. Les principaux bénéficiaires de la main d'œuvre juive furent les importantes sociétés qui touchaient à l'industrie lourde comme : Stahlwerke-Braunschweig/Werk Stawola Wola, Stahlwerke-Starachowice, Hasag, Ostrowiecer-Hochöfen, Ludwigshütte, Kabelwerk, Warthewerk[26] etc.

c) Le gazage en masse

Quelques mois après la visite de Heinrich Himmler à Minsk au cours de laquelle il éprouva un vif malaise à la vision des meurtres collectifs de Juifs effectués par les *Einsatzgruppen*[27], de nouvelles méthodes d'assassinats

25 Projet de rapport du commandement de la région militaire du Gouvernement général/responsable de l'économie/armement à l'OKW/Bureau opérationnel de l'économie, 7 juillet 1944,Wi/ID 1246

26 Liste relevée par Raul Hilberg, *La destruction des Juifs d'Europe*, tome II, Paris, Gallimard 2006, p.987.

27Les *Einsatzgruppen* (traduction littérale :« groupes d'intervention ») étaient des unités de police politique militarisées. De 1940 à 1943, les *Einsatzgruppen* assassinèrent plus d'un million de personnes, essentiellement des Juifs et, à partir du 22 juin 1941, des prisonniers de guerre soviétiques Leur action fut la première phase de la Shoah, dans un premier temps les fusillades (appelées *Shoah par balles*), et dans un deuxième temps les camions à gaz itinérants, avant la mise en place des camps d'extermination pour la première vague en 1941 et parallèlement à ceux-ci pendant la deuxième vague en 1942. Cf Didier CHAUVET, *Le nazisme et les Juifs : caractères, méthodes et étapes de la politique nazie d'exclusion et d'extermination*, Paris, L'Harmattan 2011, ainsi que Michael PRAZAN, *Einsatzgruppen*, Paris, Seuil, 2010 et Florent BRAYARD, *La Solution finale de la*

furent envisagées, moins éprouvantes pour les unités nazies et plus efficaces en termes de rendement. Ces nouvelles méthodes furent testées avec succès et elles furent mises en place assez rapidement. Ce fut ainsi que le premier camp d'extermination nazi commença le 8 décembre 1941 sa tragique besogne à Chelmno au centre du Gouvernement général. Les premières victimes de Chelmno succombèrent dans des camions à gaz. Ces camions spécialement équipés étaient fournis par le RSHA. Cependant, les membres des *Einsatzgruppen* n'appréciaient pas ce système car l'inhumation des victimes qui leur incombait était pour eux une tâche lourde à gérer. Vinrent ensuite les camps d'extermination de Belzec, de Sobibor, de Treblinka, d'Auschwitz-Birkenau et de Majdanek. Le Zyklon B[28], très puissant pesticide composé principalement d'acide cyanhydrique[29](90% et 10% d'acétate de brome comme avertisseur [non utilisé à Auschwitz[30]]), remplaça ensuite

---

question juive : la technique, le temps et les catégories de la décision, Paris, Éditions Fayard, 2004.

28 Pour connaître l'histoire complète de l'utilisation du Zyklon B, je vous conseille la lecture de l'ouvrage de Florent BRAYARD, *La solution finale de la question juive: la technique, le temps et les catégories de la décision*, *Opus cit.*, p 244 à 275.

29 L'acide cyanhydrique (ou prussique) est un puissant poison du sang pour tous les animaux supérieurs. La DL (dose létale) [mortelle] à 50% des cas pour l'homme se monte à 1 mg/kg du poids du corps. En Allemagne la forme la plus courante d'application de l'acide cyanhydrique est le Zyklon B, un mélange d'acide cyanhydrique liquide avec des dérivés chlorés et bromés comme produits de stimulation et la silice comme masse de support. Acide cyanhydrique -formule (chimique) HCN -Point d'ébullition 25, 6° centigrades -densité (air=1) 0, 93. Sources: K. WINNACKER, E. WEINGAERTEN, *Chemische Technologie – Organische Technologie II*, Carl Hanser Verlag, Munich 1954, p 1005-1006, dans Pierre VIDAL-NAQUET, *Les assassins de la mémoire*, La Découverte, Paris 1991.

30 L'avertisseur déclenchait une irritation qui prévenait de la présence du cyanure. A Auschwitz, la SS passait des commandes à l'industrie

les camions à gaz et fut utilisé avec une redoutable efficacité pour les opérations d'assassinats en masse. Jusqu'à l'été 1941, le Zyklon B fut utilisé dans les camps pour les opérations de désinfection, avant de trouver une autre utilisation, le gazage, où il s'avérait plus pratique que le monoxyde de carbone. Rudolf Höss, le commandant SS d'Auschwitz-Birkenau, dévoila dans ses mémoires le poids qu'ôta soudain de ses épaules la découverte d'un tel gaz pour la bonne réalisation de sa mission:

« Je dois dire en toute franchise que ce gazage produisit sur moi un effet rassurant, car bientôt nous devions commencer l'extermination des Juifs et ni moi, ni Eichmann, nous n'avions aucune idée des méthodes à employer. Cela devait bien se faire avec le gaz, mais comment et avec quel gaz? A ce moment-là nous avions le gaz et le mode d'emploi[31]. »

Les billes de Zyklon B étaient jetées à l'intérieur des chambres à gaz par des ouvertures dans le plafond et l'action de la température chaude de l'air par l'entassement des victimes notamment, transformait les billes en gaz mortel. A l'origine, la mort était relativement lente, mais ensuite l'utilisation d'un système de ventilation réduisit considérablement la durée de l'agonie. Mais, il ne faut pas croire que l'industrialisation de la mort la rendit plus douce pour les victimes qui mouraient le plus souvent dans d'atroces souffrances. L'acide cyanhydrique interrompait l'apport d'oxygène dans les tissus; la mort était accompagnée de symptômes de paralysie et de vomissements. L'utilisation du Zyklon B à Auschwitz-

---

chimique d'une version de Zyklon B sans aucun avertisseur. Jean-François FORGES, *Éduquer contre Auschwitz*, Paris, ESF 1997, p.111.

31 Rudolf HÖSS, *Le commandant d'Auschwitz parle*, Paris, François Maspero 1979.

Birkenau est notamment prouvée par l'existence d'une lettre de l'entreprise Topf datée du 2 mars 1943[32] au sujet des détecteurs de gaz (*Gasprüfer*) que les SS avaient souhaité obtenir afin de rechercher des traces d'acide cyanhydrique (*Blausäure-Reste*). Cette lettre porte la signature de l'*Hauptsturmführer* SS Bischoff (chef de la *Bauleitung)*, de l'*Untersturmführer* SS Kirschneck (responsable des chantiers à Birkenau), de l'employé civil Jährling (technicien) et de deux spécialistes Sander et Prüfer. Le Zyklon B était fourni par la firme Degesch et Testa de IG Farben Konzern. Lors de l'année 1943, ils assurèrent la livraison de 12 174, 09 kilos et réalisèrent ainsi un bénéfice net de 127 985, 79 Reichsmark[33].

D'autre part, trop souvent encore, il règne chez le grand public une certaine confusion entre les camps d'extermination (*Vernichtungslager*), véritables usines de mort, et les camps de concentration (*Konzentrationslager*) placés sous la gestion de l'*Obergruppenführer* Oswald Pohl, qui étaient eux des camps de travaux forcés (Dachau, Buchenwald, Sachsenhausen, Bergen-Belsen, Ravensbrück etc.). La philosophie des deux types de camps n'était pas la même, bien que de très nombreux prisonniers perdirent la vie dans les camps de concentration, au demeurant souvent, mais pas systématiquement, pourvus de une ou plusieurs chambres à gaz et de fours crématoires. Mais on ne pratiquait pas le gazage en masse dans ces lieux. Auschwitz possédait également un camp de travail proche du camp d'extermination d'Auschwitz-Birkenau. Les camps affectés à la mise en œuvre de la Solution finale étaient obnubilés par la conjugaison de trois éléments: une efficacité maximum, une discrétion la plus hermétique possible et l'effacement des traces des meurtres.

32 Archives centrales de Moscou, dossier n° 502-1-313.

33 Harry MULISCH, De Zaak 40/61, Amsterdam 1961.

II

HISTOIRE DU GHETTO DE MINSK ET DU CAMP DE MALY TROSTENETS

Tout au long des documents officiels et des livres relatifs au camp, le nom du camp est écrit de diverses manières en raison des différentes méthodes de translittération de l'alphabet cyrillique (Trostenets,Trostinetz, Klein Trostinetz, Trostyanets, Trastyanets, Trascianiec, Malyi-Trostiniets). En biélorusse, Малы Трасьцянец, = Maly Tras'tsyanyets; en russe, Малый Тростенец, = Maly [i.e. Malyĭ] Trostenëts; on trouve aussi parfois Maly Trostinez, Maly Trostenez et aussi Klein Trostenez — c'est-à-dire (Малы Трасьцянец, littéralement 'Petit' Tras'tsyanyets), en opposition à la localité voisine nommée Вялікі Трасьцянец soit 'Grand' Tras'tsyanyets, au nord-est du camp. Aujourd'hui Maly Trostenets se trouve à la périphérie sud de la ville de Minsk.

Lors du déclenchement par Adolf Hitler (1889-1945) de l'Opération Barbarossa[34] (*Unternehmen Barbarossa)* contre l'URSS le 22 juin 1941, 400 000 Juifs vivaient en Biélorussie soviétique, et environ 80% d'entre eux, soit 320 000 furent tués par les nazis. Ils furent exécutés principalement à Minsk et dans ses proches environs, même si d'autres villes de Biélorussie connurent aussi des massacres. Quelques uns d'entre eux seulement furent déportés dans des camps de travail forcé ou dans les camps d'extermination en Pologne.

Les nazis déportèrent, entre début novembre 1941 et fin octobre 1942, plus de 50 000 Juifs du grand *Reich* vers les ghettos baltes et biélorusses[35]. A l'origine, les Juifs allemands âgés de plus de 65 ans, de même que les Juifs anciens combattants ou encore ceux qui étaient des conjoints d'Aryens se trouvaient exclus des mesures antijuives mises en place par les nazis, ainsi que des expulsions[36]. Cependant, ces mesures de « protections » ne tinrent pas dans le temps et les nazis déportèrent finalement des Juifs du *Reich* âgés et/ou ayant combattu pour l'Allemagne lors de la Première Guerre mondiale[37]. De ce fait, en mai 1943, les nazis déclarèrent le *Reich* comme étant désormais « *Judenrein* » (libre de Juifs). Il ne restait plus alors en Allemagne que quelques milliers de Juifs en tenant compte des métis et de ceux qui vivaient

---

34 Hans SEIDLER, *Opération Barbarossa : Hitler envahit L'URSS*, Paris, Pierre de Taillac, 2011, ainsi que David GLANTZ, *Barbarossa: Hitler's invasion of Russia, 1941*, Tempus, 2001 et Paul CARELL, *Opération Barbarossa*, Genève, Edito Service, coll. « l'Histoire en marche »

35 Didier CHAUVET, *Le nazisme et les Juifs : caractères, méthodes et étapes de la politique nazie d'exclusion et d'extermination, Opus cit.*

36 *Ibid.*

37 *Ibid.*

dans la clandestinité[38]. Au début novembre 1944, les Juifs immatriculés de l'Ancien *Reich* n'étaient plus que 12 930 dont 9312 pour les couples mixtes privilégiés et 2838 pour les non-privilégiés[39]. Il existait encore 1499 demi-juifs non classés comme métis[40]. Le reliquat consistait en 209 Juifs intégraux allemands et 72 Juifs étrangers[41].

La communauté juive d'Allemagne participa à l'organisation de la déportation, sous l'injonction et le contrôle de la Gestapo, espérant rendre les choses moins rudes[42]. Ainsi, Moritz Henschel (1879-1947), qui fut à la tête de la communauté juive de Berlin de 1940 à 1943, justifiait l'aide fournie par son administration aux nazis lors des rafles en avançant les arguments suivants :

« On pourrait demander : « Comment avez-vous pu vous permettre de participer à cette entreprise de quelque manière que ce soit ? » Nous ne pouvons vraiment dire si nous avons agi pour le mieux, mais l'idée qui nous inspirait était la suivante : si nous faisons ces choses *nous-mêmes*, alors elles seront faites mieux et avec plus de douceur que si d'autres s'en chargent — et c'était exact. Les transports organisés directement par les nazis étaient toujours conduits avec brutalité — avec une terrible brutalité[43]. »

---

38 *Ibid.*

39 Statistiques transmises par la Reichsvereinigung restante au Reichssippenamt/III Katasterwaltung, Zentralarchiv Potsdam, dossier Reichsvereinigung 75c Re 1 Laufende Nummer 32.

40 *Ibid.*

41 *Ibid.*

42 Sur ce thème et sur celui des Conseils juifs voir Didier CHAUVET, *Le nazisme et les Juifs : caractères, méthodes et étapes de la politique nazie d'exclusion et d'extermination, Opus cit.*

43 Témoignage oral fait par Moritz Henschel avant sa mort en Palestine en 1947 et introduit dans la transcription du procès d'Adolf Eichmann, 11 mai 1961, session 37, p. Nn1.

Ce témoignage peut être mis en parallèle avec celui du rabbin Leo Baeck[44] (1873-1956), qui enseigna à la *Hochschule für die Wissenschaft des Judentums* (Institut supérieur d'Études juives) et fut responsable de l'Association du *Reich* des Juifs d'Allemagne :

« J'ai pris pour principe de n'accepter aucune nomination de la part des nazis et de ne rien faire qui pût les aider. Mais plus tard, quand la question se posa de savoir si des auxiliaires juifs devaient aider à rafler les Juifs pour la déportation, j'ai décidé qu'il vaudrait mieux pour ceux-ci qu'ils s'en chargent, parce qu'au moins ils pouvaient montrer plus de douceur et de compréhension que la Gestapo, et rendre l'épreuve plus supportable. Il n'était guère en notre pouvoir de nous opposer efficacement à ces ordres[45]. »

Les déportations massives des Juifs autrichiens commencèrent en octobre 1941. Les nazis mirent sur pied des centres spécifiques dans lesquels les Juifs furent regroupés avant d'être déportés. Un peu plus de 30 000 Juifs autrichiens furent déportés depuis la capitale à destination des ghettos de Minsk, Riga, Lodz et Lublin[46]. Environ 15 000 Juifs viennois furent aussi envoyés à Theresienstadt[47]. A partir de la fin novembre 1942, moins

---

44 Leo Baeck fut déporté en 1943 à Theresienstadt où il fut désigné Président d'honneur du *Ältestenrat* ou Conseil des Anciens.

45 Leo Baeck in Eric H. Boehm, éd., *We Survived*, New Haven 1949, p.288.

46 Didier CHAUVET, *Le nazisme et les Juifs : caractères, méthodes et étapes de la politique nazie d'exclusion et d'extermination, Opus cit.*

47 *Ibid.* 140 937 personnes furent déportées à Theresienstadt au 20 avril 1945 dont 73 603 du Protectorat, 42 821 de l'ancien Reich, 15 266 d'Autriche, 4894 des Pays-Bas, 1447 de Slovaquie, 1260 de Bialystok, 1150 de Hongrie, 476 du Danemark et 20 d'autres lieux. Il faut y ajouter 247 naissances et apports non vérifiés. Les réductions furent les suivantes : 88 202 déportés, 33 456 décédés, 1654 libérés en

de 10 000 Juifs se trouvaient encore en Autriche dont la plupart étaient mariés à des Aryens ou là encore survivaient en se cachant[48]. Au 31 décembre 1944, il ne restait plus que 5799 Juifs en Autriche dont 3388 de couples mixtes privilégiés et 1358 de couples mixtes non privilégiés[49].

Pour les Juifs du Protectorat de Bohême-Moravie, la situation se dégrada considérablement à partir de l'année 1942. En effet, les Juifs du Protectorat furent alors déportés en très grand nombre vers les ghettos de Minsk, Lodz et Riga, puis vers les camps de la mort [50]. Comme le souligne l'historien Toman Brod :

« Ce n'était plus ni la phase sociale, ni la phase psychologique, mais la phase physique : on est entré dans la phase d'élimination physique de la communauté juive. Survivre n'était ni une question de choix, ni une question de courage, c'était davantage une question de hasard et de chance[51]. »

Les convois se multiplièrent selon un processus bien rôdé, comme le détaille Michal Frankl, historien au musée juif de Prague :

1945, 764 évadés, 276 arrêtés par la Gestapo et certainement assassinés. Ainsi, sur les 141 184, restent au 9 mai 1945 : 16 832 personnes. Sources : HG ADLER, *Theresienstadt 1941-1945,* 2e ed., Tübingen 1960, p.37-60, 725.

48 *Ibid.*

49 Rapport annuel de Löwenherz, 22 janvier 1945, Yad Vashem O 30/5.

50 Didier CHAUVET, *Le nazisme et les Juifs : caractères, méthodes et étapes de la politique nazie d'exclusion et d'extermination, Opus cit.*

51 Toman BROD, *Jeste ze clovek nevi, co ho ceka 1929-1989*, Prague, Academia 2007.

« Les transports sont alors organisés par la Centrale de la migration juive, soit l'organisation allemande principale qui était chargée d'appliquer la politique nazie antisémite au sein du Protectorat. Les personnes déportées recevaient un courrier avec des informations précises sur ce qu'elles avaient le droit de prendre avec elles. Pour le reste de leurs biens, elles étaient censées le laisser dans leur logement placé sous scellés. La déportation des Juifs a eu pour conséquences d'exclure totalement les Juifs de la société tchèque, et celle-ci n'a jamais pu être reconstituée dans son intégralité et dans sa richesse d'antan. »

Au final, entre 1941 et 1945, environ 81 000 Juifs du Protectorat de Bohême-Moravie furent déportés et 71 000 environ périrent à Auschwitz-Birkenau et dans des camps semblables ou dans des ghettos[52]. Fin décembre 1944, il ne restait plus dans le Protectorat qu'environ 6500 Juifs. Le 31 janvier 1945, 3669 Juifs de couples mixtes furent déportés à Theresienstadt[53] ; le 5 mai, 2803 étaient encore chez eux[54].

Selon les travaux de l'historienne allemande Monika Kingren, en 1941 et 1942 (pendant 11 mois), 15 500 Juifs furent déportés à Minsk depuis 250 centres urbains européens et seulement 500 d'entre eux survécurent. Les chiffres présentés par Monika Kingren permettent à l'historien biélorusse Kousem Kosak de déclarer que durant cette période : « Minsk était un important centre d'extermination. » Dans son rapport du 23 mars 1943 à Heinrich Himmler, le SS Richard Korherr[55] (1903-1989),

---

52 Didier CHAUVET, *Le nazisme et les Juifs : caractères, méthodes et étapes de la politique nazie d'exclusion et d'extermination, Opus cit.*
53 HG ADLER, *Theresienstadt 1941-1945, Opus cit.*, p. 40, 59, 700.
54 *Ibid.*
55 Le 9 décembre 1940, Richard Korherr fut nommé par Heinrich Himmler statisticien en chef de la SS. Le 18 janvier 1943, Himmler lui

membre de la section « statistique » du RSHA résume l'état des déportations vers l'Est au 31 décembre 1942 : Allemagne : 100 516 ; Autriche : 47 555 ; Protectorat de Bohême-Moravie : 69 677 ; soit un total de 217 748.

Le 8 novembre 1941, le *Sturmbannführer* Rudolf Lange[56] (1910-1945) confirma au *Reichskommissar* Hinrich Lohse[57](1896-1964) que 25 000 Juifs d'Allemagne, d'Autriche et du Protectorat de Bohême-Moravie devaient être expulsés à Minsk. Afin de leur faire de la place dans le ghetto, 12 000 Juifs avaient été abattus près du village de Tuchinki le 7 novembre. Trois jours plus tard, les 1000 premiers Juifs allemands de Hambourg arrivèrent à Minsk. Bruno Probst qui accompagnait le convoi déclara :

« A Hambourg, on avait dit aux Juifs qu'on leur attribuerait tout un nouveau territoire de colonisation à

---

demanda un «rapport sur la solution finale de la question juive» destiné à recenser le nombre total de Juifs assassinés (1) au 31 décembre 1942. Le 27 mars 1943, Korherr remit un rapport de seize pages qui conclut au chiffre de 1 873 539 Juifs exterminés (2). Le 31 mars 1943, une version mise à jour et abrégée en six pages fut rédigée pour Hitler dans le bureau d'Adolf Eichmann (3). Le 19 avril 1943, il rédigea un rapport actualisé sur la même question.

1 *évacués* selon la terminologie SS. 2 Saul Friedlander, *Les années d'extermination 1939-1945* Points/Histoire pp.594-597, Paris, Seuil 2012 3 Raul Hilberg, *La destruction des Juifs d'Europe,* Paris, Folio/Histoire Gallimard vol.2 p. 1 035 note 10.

56 Peter KLEIN, *Dr. Rudolf Lange als Kommandant der Sicherheitspolizei und des SD in Lettland. Aspekte seines Dienstalltags*, in Wolf Kaiser (Hrsg.): *Täter im Vernichtungskrieg. Der Überfall auf die Sowjetunion und der Völkermord an den Juden*. Propyläen-Verlag, 2002. Rudolf Lange fut en grande partie responsable de la mise en œuvre de l'extermination de la population juive de la Lettonie.

57 Uwe DANKER, *Die drei Leben des Hinrich Lohse*. In: Demokratische Geschichte 11, Malente 1998.

l'Est. Les Juifs furent chargés dans des wagons ordinaires accompagnés de deux wagons d'outils, pelles, haches, etc. [...] Il n'y avait pas de gardes dans les wagons des Juifs. [...] Au terme d'un voyage d'environ quatre jours, nous sommes arrivés à Minsk tard dans l'après-midi. Nous avions appris cette destination pour la première fois seulement pendant le voyage, après avoir dépassé Varsovie. A Minsk, un commando SS attendait notre convoi. Toujours sans garde, on a fait monter les Juifs dans des camions qui attendaient là. Seuls leurs bagages, qu'on leur avait permis d'emporter à Hambourg, devaient rester dans le train. On leur a dit qu'ils suivraient. Puis notre commando a été enfin conduit à une caserne russe où logeait un bataillon de cadre actif de la police allemande. Près de là, il y avait un camp juif...En parlant avec des membres du bataillon de police susmentionné, nous avons appris que cette unité avait déjà fusillé des Juifs de Minsk quelques semaines auparavant. Nous avons conclu que nos Juifs de Hambourg aussi allaient être fusillés[58]. »

Les déportés de Hambourg furent suivis quelques jours plus tard par plus de 5000 déportés de Francfort sur Main, de Brême et de Rhénanie. Le 18 novembre, un convoi arriva de Berlin. Entre novembre 1941 et octobre 1942, en 23 convois, 21 965 Juifs d'Allemagne, d'Autriche et du Protectorat de Bohême-Moravie furent internés à Minsk (7 convois en novembre 1941 et 16 convois entre mai et octobre 1942). Dès leur arrivée à Minsk, des centaines de Juifs furent conduits dans les bois voisins et exécutés. Les autres furent parqués dans un ghetto séparé connu sous le nom de « ghetto Hambourg », mitoyen du ghetto principal. L'entrée de ce ghetto séparé était surmontée de

58 Témoignage de Bruno Probst in Christopher R . BROWNING, *Des hommes ordinaires : le 101e bataillon de réserve de la police allemande et la solution finale en Pologne*, Paris, Les Belles Lettres 1994, p.62.

l'inscription : « *Sonderghetto* » (Ghetto Spécial). Chaque nuit, la Gestapo assassinait 70 à 80 de nouveaux venus. Ce ghetto des Juifs du *Reich* était divisé en cinq sections, en fonction des lieux de provenance : Hambourg, Berlin, Rhénanie, Brême et Vienne. Entre les deux ghettos, il n'y avait que très peu de contacts. Les Juifs du *Reich* furent exterminés dans des « actions » du 28 au 31 juillet 1942, du 8 mars 1943, et en automne 1943 lors de la liquidation du ghetto. Certains furent envoyés dans le camp de travail de Budzyn près de Lublin. Une grosse dizaine de Juifs du *Reich* seulement étaient encore vivants à Minsk lorsque la ville fut libérée. Un rapport de mi- novembre 1941 de l'*Einsatzgruppe* B faisait état de 45 467 exécutions[59].

Le ghetto de Minsk, l'un des plus importants d'Europe et le plus important de l'URSS occupée, connut la famine, les maladies et le froid à l'image de nombreux ghettos implantés par les nazis. En 1939, 70 998 Juifs habitaient à Minsk soit 29,7% de la population[60]. La ville de Minsk fut occupée par la *Wehrmacht* du 28 juin 1941 au 3 juillet 1944. Dès le début, les Allemands imposèrent aux Juifs des contributions financières importantes. Ensuite, vint le temps du *Judenrat* (conseil juif) et enfin le 19 juillet 1941 celui de la création du ghetto qui fit l'objet de la publication suivante :

« 1) A partir de la date de publication de cette ordonnance, une partie spéciale de la ville de Minsk sera séparée et réservée exclusivement à l'habitat des Juifs.
2) Toute la population juive de la ville de Minsk est obligée, après publication de cette ordonnance, dans un

---

59 Didier CHAUVET, *Le nazisme et les Juifs : caractères, méthodes et étapes de la politique nazie d'exclusion et d'extermination, Opus cit.*
60 Barbara EPSTEIN, *The Minsk Ghetto 1941-1943 : Jewish resistance and Soviet internationalism*, University of California Press 2008.

délai de 5 jours, de déménager dans ce quartier juif.
3) Si, après l'expiration de ce délai, un Juif se trouve ailleurs que dans la zone juive, il sera arrêté et sévèrement puni. La population non-juive qui habite tout près de la zone d'habitat des Juifs doit d'urgence quitter le quartier juif.
4) Le quartier juif est formé par les rues suivantes : Kolkhoznaia, Nemiga, Respublicanskaia, Perekopskaia, Mebelnyi, Obyvnaia, Vtoroi Opanski, ainsi que le cimetère juif.
5) Il n'est permis aux Juifs d'entrer ou de sortir du quartier juif, que par les deux rues suivantes : la rue Opanski et la rue Ostrovski. Il est interdit d'escalader les murs. La garde allemande et les agents de celle-ci ont reçu l'ordre formel de tirer sur les contrevenants[61]. »

Joseph Goebbels (1897-1945) appelait les ghettos les « caissons de la mort » en raison de la famine, du typhus et des suicides qui y proliféraient et qui causèrent la mort de centaines de milliers de Juifs qu'on y entassait[62].

En octobre 1941, le ghetto comptait environ 80 000 personnes[63]. Au plus fort de la déportation, le ghetto compta jusqu'à 100 000 personnes[64]. Il existait en fait trois ghettos à Minsk. Le « Grand ghetto » créé depuis le mois de juillet 1941 et qui exista jusqu'en octobre 1943. Il comprenait 39 rues et ruelles bordées de constructions en bois s'élevant sur un ou deux étages pour une superficie de deux kilomètres carrés. Il était bordé d'un côté par le cimetière juif et de l'autre par la rivière Svisloch. Le

---

61 Ordonnance 812 de la Kommandantur sur la création d'un ghetto dans la ville de Minsk.
62 Wendy LOWER, *Les furies de Hitler*, Paris, Tallandier 2014, p.128.
63 Barbara EPSTEIN, *The Minsk Ghetto 1941-1943 : Jewish resistance and Soviet internationalism, Opus cit.*
64 *Ibid.*

« *Sonderghetto* » qui exista pour sa part de novembre 1941 à septembre 1943 et qui regroupa les Juifs déportés d'autres pays d'Europe. Il « accueillit » plus de 20 000 personnes. Et enfin le « Petit ghetto » qui fonctionna d'octobre 1943 à juin 1944. Le ghetto était encerclé par des fils de fer barbelés sur deux mètres de hauteur et était en permanence sous surveillance de la SS et de policiers biélorusses[65]. Les personnes qui vivaient à l'intérieur du ghetto étaient obligées de porter des signes distinctifs : des étoffes jaune de 10 cm de diamètre ainsi que des galons blancs qui portaient le numéro des maisons où logeaient les prisonniers du ghetto[66]. Une série d'interdiction complétaient le tableau de cet enfer : interdiction d'échanger de la nourriture avec des non-Juifs, interdiction d'accéder aux jardins publics, interdiction de porter des vêtements avec de la fourrure[67] etc. En prélude à la création du ghetto, les premiers pogroms importants et les exécutions débutèrent à Minsk à partir d'août 1941. Ainsi, le 31 août 1941, 700 Juifs (dont 74 femmes) furent raflés et exécutés[68]. Le lendemain, 900 autres Juifs furent raflés à leur tour et exécutés également[69]. Le 7 novembre 1941, un autre pogrom se déroula durant lequel plus de 5000 Juifs furent abattus y compris des femmes et des enfants[70]. Le 10 novembre 1941, le premier convoi de Juifs arriva à Minsk depuis l'Allemagne, avec 990 déportés de Hambourg : le ghetto de Minsk se trouvait être un camp de transit pour les Juifs destinés à être éliminés. La plus

---

65 *Ibid.*

66 Hersch SMOLAR, *The Minsk Ghetto : Soviet-Jewish partisans against the Nazis*, Holocaust Library 1989.

67 *Ibid.*

68 Christopher R. BROWNING, *Les origines de la Solution finale : l'évolution de la politique antijuive des nazis (septembre 1939-mars 1942)*, Paris, Les Belles lettres 2007, p.31.

69 *Ibid.*

70 Hersch SMOLAR, *The Minsk Ghetto : Soviet-Jewish partisans against the Nazis*, *Opus cit.*

grande partie des Juifs de Hambourg fut amenée directement à Maly Trostenets pour être exécutée à Blagovschschina. Le 21 janvier 1942, plusieurs milliers de Juifs furent encore tués par les nazis[71]. Les actions des nazis ne cessaient pas et les pogroms se succédaient à l'intérieur du ghetto de Minsk, comme celui du 2 mars 1942 où 5000 Juifs environ furent massacrés[72]. La forêt de Dzerzhinsk (Koidanovo) servait souvent de lieu d'exécution[73]. L'extermination des Juifs menée à Minsk fut d'une redoutable efficacité puisque 86 632 Juifs y moururent assassinés[74].

En avril 1942, Reinhard Heydrich ordonna au commandant de la SiPo et du SD en Biélorussie, Eduard Strauch[75] (1906-1955), d'exécuter immédiatement tous les déportés après leur arrivée. Strauch qui déclara à Minsk: « Nous sommes convaincus que ces tâches [l'assassinat des Juifs] doivent être menées à bien. Je peux dire avec orgueil que mes hommes [...] sont fiers d'agir selon leurs convictions et leur fidélité envers le Führer[76]. » Dès lors, suivant les directives de Heydrich, se succédèrent à la gare marchande de Minsk, entre mai et octobre 1942, 16 convois avec 15 002 Juifs d'Allemagne, d'Autriche, du Protectorat de Bohême-Moravie. A partir d'août 1942, alors que les convois arrivaient directement à

71 *Ibid.*

72 Didier CHAUVET, *Le nazisme et les Juifs : Caractères, méthodes et étapes de la politique nazie d'exclusion et d'extermination*, *Opus cit.*

73 *Ibid.*

74 *Christopher R. BROWNING, Les origines de la Solution finale : l'évolution de la politique antijuive des nazis (septembre 1939-mars 1942)*, *Opus cit.*, p.31.

75 Condamné à mort pour crimes contre l'humanité, il mourut dans un hôpital bruxellois alors qu'il était détenu en Belgique.

76 Helmut KRAUSNICK, Hans-Heinrich WILHELM, *Die Truppe des Weltanschauugskrieges*, Fischer Taschenbuch-Verlag 1985, p.557.

Maly Trostenets suite à l'aménagement de la voie de chemin de fer, les nazis pratiquèrent des sélections. Quelques Juifs furent alors orientés vers le travail forcé. Par contre, les *Sonderkommandos* étaient composés de prisonniers de guerre soviétiques uniquement. Ils étaient destinés à s'occuper des corps des personnes exécutées : rechercher les objets de valeurs sur et dans les corps, jeter les cadavres dans les fosses communes, fermer les fosses. Régulièrement, le *Sonderkommando* était éliminé et remplacé par d'autres hommes qui seraient éliminés à leur tour.

A partir du printemps 1942, deux fourgons à gaz œuvrèrent dans la région de Minsk, bientôt rejoints par deux autres véhicules[77]. Les *Einsatzkommandos* (7b, 8 et 9) avaient leur propre fourgon à gaz et le quatrième faisait son office dans la ville même[78]. Au 1er août 1942, le ghetto de Minsk comptait 8794 Juifs encore vivants entre ses murs[79]. La liquidation du ghetto se produisit le 21 octobre 1943 après le départ les jours précédents de plusieurs convois ferroviaires à destination du camp d'extermination de Sobibor[80].

Pour les Allemands installés à l'Est, les normes habituelles ainsi que les règles sociales de base ne s'appliquaient plus ainsi que le démontre l'historien Christopher R. Browning dans son remarquable ouvrage « *Les origines de la Solution finale*[81] » :

---

77 Didier CHAUVET, *Le nazisme et les Juifs : Caractères, méthodes et étapes de la politique nazie d'exclusion et d'extermination, Opus cit.*

78 *Ibid.*

79 *Ibid.*

80 *Ibid.*

81 Christopher R. BROWNING, *Les origines de la Solution finale : l'évolution de la politique antijuive des nazis (septembre 1939-mars 1942), Opus cit..*

« La combinaison de formes extrêmes de violence publique et de la tentative de recréer la *Gemütlichkeit*[82] allemande dans la sphère privée signifie que même les Allemands qui ne participent pas directement aux assassinats de masse donnent à la notion de normalité une signification particulière[83]. Derrière la façade de dévouement désintéressé pour la patrie, la corruption et la dépravation morale règnent. La ville de Minsk peut servir d'exemple. Des rumeurs d'abus d'alcool et de sexe (*Saufexcesse*, *Weibergeschichten*) se répandent [...] et font l'objet d'une enquête officielle[84]. Après la guerre, d'anciens membres du KdS ont décrit ce bureau comme une « porcherie » (*Sauhaufen*)[85]. Des secrétaires et d'autres femmes allemandes se souviennent de Maly Trostenets, un complexe de camps [...] où elles allaient faire de l'équitation ou prendre un manteau de fourrure d'une victime juive[86]. [...] »

Néanmoins, des cas existaient d'un certain recul — et même parfois d'un rejet — par rapport aux massacres de masse perpétrés à l'Est, comme le démontre en s'appuyant

82 Confort, tranquillité etc.

83 La presse allemande à l'Est a joué un rôle particulièrement important dans la propagande de la normalité ; voir par exemple *Deutsche Zeitung im Ostland*, publié à Riga le 5 août 1941. Pour l'expérience d'Allemands à l'Est, en Biélorussie particulièrement, voir aussi Bernhard Chiari, *Alltag hinter der Front*, Droste 1998, pp.72-95, 308-309. Cf Christopher R. BROWNING, *Les origines de la Solution finale : l'évolution de la politique antijuive des nazis (septembre 1939-mars 1942), Opus cit.*

84 Du Beauftragter des Reichsleiters Bormann im OKW/Stab z.b.V. Generalleutnant von Unruth (Albert Hoffmann) à Bormann, « Bericht Nr 4 Weissruthenien/Minsk » (Zweitschrift), 26 mai 1942, USHMMA documents de Kempner, Nuremberg boîte n°4.

85 Déclaration d'Edith Sch., 10 janvier 1961, Staatsanwaltschaft Koblenz 9 Ks 2/62, vol.42, fol. 6380.

86 Déclaration d'Edith Sch., 29 mars 1961, Staatsanwaltschaft Koblenz 9 Ks 2/62, vol.42, fol. 7126-7135.

sur une large documentation l'historien français Florent Brayard [87] :

« [...] en soulignant en décembre 1941 le caractère transgressif d'un éventuel assassinat des Juifs allemands déportés à Minsk, Wilhelm Kube[88] avait montré que ce dernier pas vers le meurtre total n'allait pas de soi chez certains responsables civils sur le terrain. Et Kube, s'il avait connu une longue période de disgrâce, n'en était pas moins un nazi de la première heure [...] élu au *Reichstag* en 1924. Vers la fin de l'année 1941, on trouve également quelques indications suivant lesquelles même les massacres des Juifs soviétiques pouvaient être jugés sévèrement dans certains corps des officiers de la *Wehrmacht*[89]. »

En effet, comme le souligne l'historien de la Shoah Raul Hilberg : « le *Generalkommissar* Kube enfreignit les consignes relatives aux jugements moraux en portant des accusations sur Eduard Strauch, le commandant de la SiPo et du SD en Biélorussie. Kube laissait entendre que les Juifs – en tout cas ceux qui étaient arrivés d'Allemagne (« appartenant à un même niveau de culture que nous ») – étaient des êtres humains, et que Strauch et ses tueurs

87 Florent BRAYARD, *Auschwitz, enquête sur un complot nazi*, Paris, Seuil 2012, p.388.
88 Wilhelm Kube fut tué dans un attentat le 23 septembre 1943. Une jeune domestique, Yelena Mazanik, avait caché une bombe dans une bouillotte placée dans son lit. En représailles à sa mort, les SS tuèrent 1000 habitants de Minsk. Yelena Mazanik parvint à s'enfuir pour rejoindre les partisans russes. Un mois plus tard, elle fut décorée du titre de héros de l'URSS.
89 Florent BRAYARD, *Auschwitz, enquête sur un complot nazi*, *Opus cit.*, p.388., qui cite Dieter POHL, *Die Herrschaft der Wehrmacht. Deutsche Militärbesatzgung und einheimische Bevölkerung in der Sowjetunion 1941-1944*, Munich, Oldenbourg 2008, p 280-281.

étaient des sadiques au cerveau dérangé[90] [...] ». Strauch répliqua en écrivant : « Il est regrettable qu'en plus d'avoir à faire ce sale travail, nous soyons aussi en butte aux calomnies[91] ».

Un article paru dans l'hebdomadaire juif allemand expatrié « *Aufbau* », le 21 juillet 1944, raconte l'histoire d'Ignatz Burstein, un Juif qui est déclaré avoir été déporté par les nazis de Lodz jusqu'à la ville biélorusse de Baranovitchi en 1941 et qui après avoir survécu à deux massacres a été transféré « à l'automne 1942 » avec deux cents autres ouvriers juifs qualifiés, d'abord dans un camp pénal sans nom, puis à Maly Trostenets, « près de Minsk ». L'article se poursuit ainsi:

«Ce fut un camp de la mort pour les Tchèques, les Allemands et les Juifs autrichiens. 39 000 Juifs ont été transportés à Maly Trostenets pendant l'année 1942. De chaque groupe [lire: convoi] de 1000 personnes seulement 5 à 30, des travailleurs qualifiés, ont été laissés en vie. Au total 500 personnes ont été sauvées de la mort à Maly Trostenets. Ces personnes ont travaillé au tri des vêtements des Juifs assassinés, qui devaient ensuite être expédiés en Allemagne. D'autres ont travaillé tous les matins pour les ateliers de réparation automobile de la ville [de Minsk] et ont dû rentrer au camp le soir.[92] »

Le camp de Maly Trostenets se trouvait à 12 km au sud-est de Minsk. Son nom est quasi inconnu du grand public. Pourtant, un camp d'extermination nazi y fut érigé sur l'emplacement de l' ancienne ferme collective

90 Raul HILBERG, *La destruction des Juifs d'Europe*, Paris, Gallimard 2006, Folio Histoire T3, p.1877.

91 Wilhelm Kube à Hinrich Lohse (*Reichskommissar* de l'Ostland), 16 décembre 1941, Occ E3-36. Note de dossier de Eduard Strauch du 20 juillet 1943, No-4317.

92 *Blieben Zwolf am Leben , « Aufbau »*, le 21 Juillet 1944, p. 6.

soviétique (Kolkhoze[93]) de 200 hectares nommée « Karl Marx ». Ce camp fut installé en novembre 1941 par la SiPo (*Sicherheitspolizei*/Police de sécurité) de Minsk et le SD (*Sicherheitsdienst*/Service de sécurité) et il était placé sous l'autorité du commandant du service de sécurité de la police et de la sécurité de Minsk (*Kommandeurs der Sicherheitspolizei und des SD (KdS) Minsk*[94]). Le camp devait servir à l'origine pour des ravitaillements alimentaires de la *Wehrmacht*, mais aussi de camp de travail pour des prisonniers de guerre soviétiques et des Juifs. Plusieurs ateliers furent construits dans et à proximité du camp : une menuiserie, une scierie, une cordonnerie, un atelier de mécanique... Les prisonniers participaient aussi largement au travail agricole. La capacité du camp avait été prévue pour environ 500 prisonniers. Au début, les prisonniers logeaient dans une grange ainsi qu'au sein d'une vingtaine de caves en terre battue. Les conditions de vie étaient rudes. Entre mai 1942 et juin 1944, ce camp fonctionna afin d'assassiner les Juifs du ghetto de Minsk, ainsi que les Juifs déportés d'Allemagne, d'Autriche, et du Protectorat de Bohême-Moravie.

Le principal responsable des activités du camp de Maly Trostenets était le *SS-Obersturmbannführe*r Eduard Strauch (1906-1955, chef de l' *Einsatzkommando* 2 de l'*Einsatzgruppe* A)[95]. La structure de commandement

93 Les kolkhozes (1918-1991) étaient des fermes coopératives de l'URSS. À partir de 1930, les kolkhozes regroupèrent la plus grande partie des paysans soviétiques.

94 A partir de 1943, tous les départements de KDS ont été rebaptisés «BDS», *Befehlshaber der Sicherheitspolizei und des Sicherheitsdienstes* .

95 Petra RENTROP, *Maly Trostinez*, dans: Wolfgang BENZ, Barbara DISTEL, *Der Ort des Terrors* , vol. 9, CH Beck, Munich 2009, p. 574. Eduard Strauch a été inculpé au NMTEinsatzgruppen puis jugé et condamné à mort.

général du camp sur le terrain demeure toutefois incertaine. Selon l'historien Paul Kohl, les commandants du camp furent, dans l'ordre chronologique: Gerhard Maywald[96], Heinrich Eiche, Wilhelm Madeker, Wilhelm Kallmeyer et Josef Faber[97]. La gestion logistique des convois qui arrivaient de l'Ouest était prise en charge par le *SS-Obersturmführer* Georg Heuser[98] (1913-1989), qui était aussi un membre de l'*Einsatzgruppe* A[99].

A partir de mars 1942 le camp fut entouré d'une triple clôture en barbelés, dont celle du milieu avait la particularité d'être électrifiée. Un poste de garde fut aménagé près de la porte principale ainsi que des miradors. De manière à terroriser encore davantage les prisonniers, les nazis installèrent une potence au milieu du camp. A la mi-mars 1942, les partisans attaquèrent le camp et tuèrent quelques gardes. Les nazis décidèrent alors d'augmenter le nombre de gardiens : ils furent désormais 250. Pour renforcer encore un peu plus la sécurité, chaque baraque fut encerclée par des barbelés et gardée par une sentinelle, et des chemins de ronde pour des chiens avec des nids de mitrailleuses furent aussi installés tout autour du camp. D'autre part, un *bunker* souterrain fut également construit à quelques mètres de l'entrée du camp. Par contre, aucune chambre à gaz ne fut jamais installée à Maly Trostenets. Les premiers détenus juifs du camp étaient deux juifs allemands qui accompagnaient un

---

96 Jochen KUHLMANN, *Maywald, Arajs und andere... 60 Jahre NSG-Justiz in Hamburg*. In: *Demokratische Geschichte*, S. 135ff. auf www.beirat-fuer-geschichte.de

97Paul Kohl, *Das Vernichtungslager Trostenez. Augenzeugenberichte und Dokumente*, IBB - Internationales Bildungs- und Begegnungswerk, Dortmund 2003, p. 11.

98 Wilhelm LÜDTKE, Georg Heuser, Die Berliner S-Bahn-Morde, in: Kriminalistik, 16. Jahrgang, Mai 1942, Heft 5, S. 49–52 und 66–70.

99 *Justiz und NS-Verbrechen* , vol. XIX, University Press Amsterdam, Amsterdam, 1978, p.167, 210, 213.

transport de bétail en provenance de Salaspils[100] au début de mai 1942[101].

A Maly Trostenets les nazis procédèrent principalement par fusillades pour exécuter les prisonniers. Les camions à gaz, s'ils furent aussi employés, ne jouèrent pas le rôle central qu'ils jouèrent à Chelmno par exemple. Les déportés étaient acheminés à partir de la gare de fret de Minsk dans des camions ouverts jusqu'à Maly Trostenets. Les nazis disaient aux Juifs qu'ils allaient être relogés à Minsk et dans ses environs. Toujours selon le discours parfaitement au point des nazis, les déportés devaient cependant laisser là leurs affaires et leurs bagages, qui seraient ensuite transportés séparément par des camions. De même, les déportés devaient remettre argent liquide, passeports et autres objets de valeur contre un reçu. Les victimes ne se doutaient alors absolument pas du funeste destin qui les attendait. Dans chaque convoi, entre 20 et 80 ouvriers spécialisés aptes au travail étaient sélectionnés et envoyés dans le ghetto de Minsk ou dans le camp de Maly Trostenets pour le travail forcé. Les massacres étaient effectués par fusillades, ou par des camions à gaz, sur les deux sites de la forêt à proximité : à Blagovshchina (Благовщина) et à Shashkovka (Шашковка). Ce dernier site fut seulement utilisé à compter d'octobre 1943.

En Août 1942, une nouvelle voie ferrée et une station de chemin de fer improvisée permirent d'envoyer des convois ferroviaires de Juifs directement au camp de Maly Trostenets. Avant de les abattre, les nazis obligeaient les

---

100 Salaspils (autrefois Kirchholm) est une ville lettone.

101 Christian GERLACH, *Kalkulierte Morde. Die deutsche und Wirtschafts- Vernichtungspolitik dans Weißrussland*, Hamburger édition, Hambourg, 1999, p. 769, n. 1462; Petra RENTROP, *Maly Trostinez*, dans: Wolfgang BENZ, Barbara DISTEL, *Der Ort des Terrors* , vol. 9, CH Beck, Munich 2009, p. 578.

déportés à se déshabiller. En sous vêtements, ils devaient alors rejoindre la fosse préparée à leur attention. Des prisonniers de guerre soviétiques avaient en effet préalablement creusé la tranchée. En hiver, sur le sol gelé, de la dynamite était utilisée pour le creusement de la terre. Des hommes de la SS et de la Police de sécurité (SD) attendaient les déportés, les forçaient à s'agenouiller au bord de la fosse et les abattaient généralement d'un coup de feu dans la nuque. Les tirs étaient souvent couverts par des haut-parleurs qui diffusaient de la musique à un niveau sonore élevé, de sorte que dans les villages ou hameaux voisins les habitants ne remarquaient pas le bruit des tirs. L'organisation ne souffrait d'aucune approximation. Après les exécutions, les fosses étaient systématiquement recouvertes de terre et un bulldozer égalisait parfaitement le sol.

Le premier convoi qui arriva directement dans le camp de Maly Trostenets partit de Vienne le 6 mai 1942, et huit autres suivirent avec 8544 Juifs viennois et des centaines d'autres Juifs autrichiens de Theresienstadt : au total, ils furent plus de 9000 Juifs autrichiens à être déportés à Maly Trostenets. Marie Freud dite Mitzi (1861-1942), la sœur de Sigmund Freud (1856-1939), faisait partie de l'un de ces convois[102]. Elle avait été précédemment déportée à Theresienstadt en compagnie de ses sœurs Pauline et Adolfine et de là, elle fut ensuite déportée, via Minsk, à Maly Trostenets où elle fut assassinée[103].

Pour le convoi du 4 août 1942 : 40 Juifs furent sélectionnés pour le travail forcé et les 960 autres furent éliminés dans les camions à gaz. Dans un autre convoi, celui du 24 août, 22 hommes furent sélectionnés pour aller

102 Élisabeth ROUDINESCO, Michel PLON, *Dictionnaire de la psychanalyse*, Paris, Fayard 1997, p.341.
103*Ibid.*

travailler dans une ferme et les autres furent exécutés. Il est très difficile d'estimer avec précision le nombre exact de personnes qui furent massacrées à Maly Trostenets, car les Juifs de Minsk furent également tués dans d'autres lieux.

Il est clair aussi que le camp de Maly Trostenets joua un rôle important dans les opérations contre les partisans près de Minsk. Ceci est confirmé par le fait que le village de Maly Trostenets, qui était situé le long de la route qui menait au camp, a été transformé en un *Wehrdorf* (village protégé) en mai 1943. Cela signifiait que les anciens villageois avaient été réinstallés et remplacés par des agriculteurs fidèles aux nazis. Tous les nouveaux villageois aptes au service militaire avaient de plus été formés et armés pour lutter contre les partisans actifs localement[104]. Les historiens Christian Gerlach et Paula Rentrop font état que des «bandits présumés» [des partisans] ont été exécutés à Maly Trostenets[105]; Christian Gerlach mentionne un chiffre de quelque 3000 morts. Plusieurs actions anti-partisans se déroulèrent près de Minsk, comme celle du village de Slutsk à la fin octobre 1941 ou encore celle du village de Smolevitch à la même période[106].

En juin 1942, Heinrich Himmler confia au SS-*Standartenführer* Paul Blobel[107] (1894-1951) la mission de faire disparaître toutes les traces des massacres de masse à

---

104 P. KOHL, *Das Vernichtungslager Trostenez , op.cit.*, p. 15; Voir Maly Trostenez, http://www.letzter-gruss-online.de/41306/41351.html
105 P. RENTROP, *Maly Trostinez, Opus. cit.*, p. 578.
106 Christopher R. BROWNING, *Les origines de la Solution finale : l'évolution de la politique antijuive des nazis (septembre 1939-mars 1942), Opus cit.*p.35
107 Paul Blobel, *Standartenführer SS*, architecte, fut condamné à mort par le tribunal allié (USA) de Nuremberg en 1948 et il fut exécuté en 1951.

l'Est. Paul Blobel mit alors en place les *Sonderkommandos* 1005 chargés de rouvrir les fosses communes, d'en exhumer les corps, de les brûler et de disperser les cendres. Pour cette *Aktion 1005* une école spéciale vit le jour près de Lwow (alors en Pologne et maintenant en Ukraine) pour former les hommes à l'effacement des traces des meurtres de masse[108]. Ainsi, pendant une dizaine de jours, on apprenait à brûler les corps, à broyer les os, à planter des arbres pour masquer l'emplacement des fosses. Léon Wells[109] (Wieliczker), déporté au camp de Janowska (camp de travail et de transit nazi, à la périphérie de Lwow), et qui parvint à s'en échapper, témoigna lors du procès d'Adolf Eichmann[110] (1906-1962), qui se déroula à Jérusalem en avril 1961, sur les activités du *Sonderkommando* 1005 auquel il avait été affecté:

«Nous avions la tâche de rouvrir toutes les tombes où il y avait des cadavres des gens qui avaient été tués lors des trois dernières années, d'exhumer les corps, de les empiler sur plusieurs rangées et de les brûler, de réduire les os, de récupérer les objets de valeur dans les cendres comme les dents en or, les anneaux etc... Après le concassage des os, nous avions l'habitude de jeter les cendres de sorte qu'elles disparaissent, de refermer les tombes avec de la terre et de semer des graines, afin que personne ne puisse identifier l'emplacement des tombes...»

---

108 Jens HOFFMANN, *Das Kann man micht erzâhlen: Aktion 1005-Wie die Nazis die Sporen ihrer Massenmorde in Osteuropa beseitigten*, Berlin, KLV 2008.

109 Léon WELLS, *Pour que la terre se souvienne*, Paris, Albin Michel, 1962.

110Transposition des textes du procès en anglais: http://www.nizkor.org/hweb/people/e/eichmann-adolf/transcripts/

A Maly Trostenets, les premiers bûchers commencèrent le 27 octobre 1943. Le commandant du camp demanda le soutien de la police et de 100 Juifs sélectionnés pour les exhumations et les crémations. Trente-quatre fosses communes furent ouvertes dans la forêt de Blagovshchina ; certaines contenaient jusqu'à 5000 corps. Plusieurs dizaines de milliers de corps furent ainsi exhumés et brûlés. Dans la forêt de Shashkovka, le *Sonderkommando* 1005 installa un bûcher en automne 1943, à 500 mètres du camp. Une barrière de bois de 3 mètres de haut fut érigée autour de l'ancien crématorium. Une fosse de 4 mètres de profondeur fut creusée, au fond de laquelle furent disposés 6 rails d'environ 10 mètres de long. Une grille en fer fut posée par dessus cette installation, et le tour de la fosse fut consolidé sur trois côtés à l'aide de plaques en fer. Le quatrième côté fut aménagé afin de servir de rampe d'accès aux camions à gaz qui y déposaient les corps. La fosse était encore visible dans les années 1960.

Selon les études historiographiques les plus récentes, aucun transport de Juifs de l'Ouest n'eut lieu en 1943 (ou 1944).

Le 28 juin 1944, l'aviation de l'Armée Rouge survola le camp de Maly Trostenets. Ce même jour, la garnison des SS d'Ukraine, de Lituanie, de Biélorussie, de Hongrie et de Roumanie fut relevée par un *Kommando* SS spécial venu d'Allemagne.

Dans le même temps, le chef de la SiPo et du SD de Minsk, Heinz Seetzen[111] (1906-1945), ordonna

111 Lawrence D. STOKES, *Heinz Seetzen - Chef des Sonderkommandos 10a.* In: Klaus-Michael Mallmann, Gerhard Paul (Hrsg), *Karrieren der Gewalt. Nationalsozialistische Täterbiographien,* Wissenschaftliche Buchgesellschaft, Darmstadt

l'élimination des 6500 prisonniers des prisons de la rue Wolodarski et de la rue Schirokaja à Minsk. Entre le 28 et le 30 juin 1944, certains de ces prisonniers furent enfermés dans une ferme près de Maly Trostenets, fusillés et incinérés. En effet, des Juifs furent enfermés dans des hangars du camp et les SS y mirent le feu. Les gardes abattirent les prisonniers qui tentèrent de fuir les flammes. D'autres victimes durent monter sur un tas de bois pour y être fusillées. Leurs corps étaient ensuite recouverts d'une nouvelle couche de bois sur laquelle montait le groupe suivant, qui était éliminé à son tour et recouvert à nouveau de bois. A la fin des exécutions, l'ensemble de ces bûchers fut incendié par les nazis. 2000 Juifs furent assassinés à Maly Trostenets au moment de la liquidation du ghetto[112]. Ensuite, les nazis brûlèrent toutes les constructions du camp, de sorte que lorsque l'Armée rouge pénétra à Maly Trostenets, le 4 juillet, il ne restait plus que quelques amas de cendres.

L'historien allemand Christian Gerlach avance le chiffre total de 60 000 victimes à Maly Trostenets pour la période de mai 1942 à juin 1944[113]. Il s'agit là d'un chiffre certainement proche de la réalité. La fourchette se situe entre 40 000 et 60 000 victimes à Maly Trostenets.

Les Juifs ne furent pas les seules victimes des nazis en Biélorussie : des milliers de civils biélorusses, des partisans et surtout des milliers de prisonniers de guerre

---

2004 . Heinz Seetzen se cacha après la guerre sous un faux nom, mais fut quand même arrêté par la police britannique. Il se suicida avec une capsule de cyanure le 28 septembre 1945.

112Christian GERLACH, *Kalkulierte Morde. Die deutsche und Wirtschafts- Vernichtungspolitik dans Weißrussland*, Hamburger édition, Hambourg, 1999, p. 769, n. 1462; Petra RENTROP, *Maly Trostinez*, dans: Wolfgang BENZ, Barbara DISTEL, *Der Ort des Terrors*, vol. 9, CH Beck, Munich 2009, p. 578.

113*Ibid.*

soviétiques furent exécutés à Maly Trostenets et dans d'autres lieux. Mais, contrairement aux déportations venant de l'Europe de l'Ouest, il ne reste aucune « trace » administrative, aucun document officiel, aucun rapport au niveau de Maly Trostenets. De ce fait, les chiffres dénombrant ces victimes varient énormément : Pour l'ensemble de la région de Minsk, entre 206 000 (Wolfgang Benz) et 546 000 (conclusion d'une étude de 1995).

Au cours des différents procès qui eurent lieu après la guerre en Allemagne, plusieurs protagonistes des massacres furent condamnés : Otto Erich Drews, Otto Hugo Goldapp et Max Hermann Richard Krahner à la prison à vie, pour avoir exécuté des membres du *Sonderkommando* 1005 . D'autres nazis furent condamnés à diverses peines pour leurs actions lors des exécutions qui se déroulèrent à Minsk ou à Maly Trostenets, nous y reviendrons dans les chapitres suivants. D'autres procès se déroulèrent aussi en Union Soviétique.

III

ETUDE DES TRAVAUX DE LA COMMISSION D'ENQUETE D'ETAT SOVIETIQUE[114]

114 Reproduit (traduction) dans: *déclarations du gouvernement soviétique au sujet des atrocités nazies*, Hutchinson & Co, Londres 1945, pp 227-230..

Dans un «*Rapport sur les crimes commis par les envahisseurs fascistes allemands dans la ville de Minsk*», publié à l'origine dans *Les Nouvelles soviétiques de la guerre* , n° 967 du 22 Septembre 1944, nous trouvons les deux paragraphes suivants consacrés principalement au camp de Maly Trostenets:

« Près du village de Maly Trostenets, à environ dix kilomètres de Minsk, les envahisseurs fascistes allemands ont mis en place un camp de concentration sous l'autorité de la police secrète allemande. Ils gardaient des civils condamnés à mort. Sur le site Blagovshchina, à environ deux kilomètres du camp, ils ont fusillé les détenus du camp et enterré leurs corps dans des tranchées. À l'automne 1943, en vue de couvrir les traces de leurs crimes, les Allemands ont commencé à déterrer les corps dans les fosses et à les brûler. Un résident du village de Trostenets, Golovach, a vu comment «les bourreaux allemands ont tué des hommes, des femmes, des vieillards et des enfants dans la forêt Blagovshchina ; ils ont mis les corps des personnes tuées dans les tranchées déjà préparées... Ils les ont tassés avec des bulldozers, puis ils ont placé une autre couche de corps sur le dessus et recouvert à nouveau. À l'automne 1943, les Allemands ont ouvert les tranchées à Blagovshchina et ont commencé à brûler les corps exhumés. Ils ont mobilisé tous les chariots des villages voisins afin de faire du bois de chauffage dans ce but. »

A l'automne 1943, les envahisseurs ont construit un incinérateur spécial sur le site Shashkovka, à environ huit cents mètres du camp de Maly Trostenets. Kovalenko et Kareta, qui ont travaillé dans le camp de concentration, ont déclaré que les corps des personnes tuées ou assassinées dans les «fourgons de meurtre» ont été brûlés dans cet incinérateur. Trois à cinq camions remplis de gens sont arrivés là tous les jours. La population autochtone nommait ces camions « Dushegubki », « tueurs d'âmes »

«Je les voyais tous les jours» à déclaré Bashko, un résident du village de Maly Trostenets. Je voyais comment les bandits allemands ont tué des civils dans la forêt Shashkovka et ont brûlé leurs corps dans l'incinérateur. Je faisais pâturer mon bétail non loin de cet incinérateur et souvent j'ai entendu les cris et les gémissements de personnes demandant miséricorde. J'ai entendu des rafales, après quoi les lamentations des malheureux ont cessé. »

La Commission d'enquête a examiné cet incinérateur. L'examen a révélé qu'à l'intérieur se trouvent des rails sur lesquels ont été placés des tôles avec des trous, ainsi qu'une énorme quantité de petits ossements humains calcinés. Un accès spécial pour les camions a été construit pour l'incinérateur. [...] Divers effets personnels des personnes exécutées étaient éparpillés sur place, tels que les chaussures, les vêtements, les blouses pour femmes, coiffures, les chaussettes des enfants, des boutons, des peignes et des canifs. A en juger par la quantité énorme de fragments de grenades éclatées, de cartouches usagées, les Allemands avaient abattu leurs victimes à l'embouchure du four et à l'intérieur du four lui-même. Des bombes incendiaires ont été placées à l'intérieur du four afin de faire monter la température.

Compte tenu de l'avancée rapide de l'Armée Rouge à l'ouest, à la fin de juin 1944, les bourreaux hitlériens ont conçu une nouvelle méthode pour l'extermination de masse de civils soviétiques. Les 29 et 30 juin, ils ont commencé à prendre les détenus des camps de concentration et les corps de ceux qui avaient été abattus dans le village de Maly Trostenets. Les cadavres ont été entassés dans des hangars, où les Allemands ont également tiré sur le peuple soviétique. Ils ont ensuite mis le feu aux hangars. Savinskaya, qui a échappé à la mort, a déclaré à la Commission d'enquête:

«Je résidais sur le territoire occupé allemand, à Minsk. Le 29 février 1944, les envahisseurs fascistes allemands m'ont arrêtés avec mon mari Yakov Savinsky pour nos liens avec les partisans, et nous ont enfermés dans la prison de Minsk. À la mi-mai, après de longues et terribles tortures pendant lesquelles nous ne confessons pas nos liens avec les partisans, mon mari et moi avons été transférés au camp de concentration SS dans Shirokaya, où nous sommes restés jusqu'au 30 juin 1944. Ce jour-là, avec une cinquantaine d'autres femmes, je fus mise dans un camion et emmenée vers une destination inconnue. Le camion nous a conduites à environ dix kilomètres de Minsk, au village de Maly Trostenets. Le camion s'est arrêté face à un hangar. Ensuite, nous avons réalisé que nous avions été amenées là pour être fusillées... Sur l'ordre des bourreaux allemands, les femmes incarcérées sont sortis par quatre du camion. Mon tour vint bientôt. Avec Anna Golubovich, Yulia Semashko et une autre femme dont je ne sais pas le nom, je suis montée sur le dessus des corps empilés. Les coups de feu retentirent alors. J'ai été légèrement blessée à la tête et je suis tombée. Je restai parmi les morts jusque tard dans la nuit. Ensuite, je suis sorti et j'ai vu deux hommes blessés: nous avons décidé de nous échapper. Le gardien allemand nous a remarqué et a ouvert le feu. Les deux hommes ont été tués. J'ai réussi à me cacher dans le marais. Je suis resté là pendant quinze jours sans savoir que Minsk avait déjà été prise par l'Armée rouge. »

En examinant les restes du hangar à Maly Trostenets, brûlé par les Allemands, la Commission d'enquête a découvert une énorme quantité de cendres et d'os, ainsi que certains corps partiellement conservés. A côté d'un tas de bois, il y avait 127 corps incomplètement calcinés d'hommes, de femmes et d'enfants. […]

Les experts médico-légaux ont découvert des blessures par balles sur les corps au niveau de la tête et du cou. 6500 personnes ont été tuées dans ce hangar.

Les Allemands ont essayé de couvrir les traces de leurs CRIMES.

A cinq kilomètres de la ville [de Minsk], par le chemin de fer Minsk-Molodetchno près du village de Glinishche, la Commission d'enquête a découvert 197 tombes de citoyens soviétiques qui avaient été fusillés par les Allemands. [...]. Les prisonniers soviétiques enterrés ici […] ont été assassinés par les gardes du camp dirigé par le commandant allemand, le capitaine Lipp. [...]. Environ 80 000 prisonniers de guerre soviétiques ont été enterrés dans le cimetière près du village de Glinishche.

Trente-quatre fosses camouflées par des branches de sapin ont été découvertes dans la forêt Blagovshchina; quelques-unes des tombes font au moins 50 mètres de long. Des corps carbonisés recouverts d'une couche de cendres d'environ un mètre d'épaisseur ont été trouvés à une profondeur de trois mètres. Près des fosses, la Commission a constaté une grande quantité de petits ossements humains, des cheveux, des prothèses dentaires et de nombreux effets personnels. L'enquête a révélé que les fascistes ont assassiné environ 150 000 personnes ici.

Huit fosses de 21 mètres de long, 4 mètres de large et 5 mètres de profondeur ont été découvertes à environ 450 mètres de l'ancien hameau Petrashkevichi. [...] L'enquête a établi que les Allemands ont brûlé quelque 25 000 corps de civils de Minsk qu'ils avaient arrêtés.

Dix fosses ont été découvertes à environ dix kilomètres, le long de la route de Minsk-Moscou sur le site Uruchye. Huit de ces tombes sont de 21 par 5 mètres, d'autres de 35 par 6 mètres et d'autres de 20 par 6 mètres. Toutes à 5 mètres de profondeur. La Commission a découvert trois rangées de corps gisant sur la longueur, en sept couches, chacune. Tous les cadavres étaient couchés face contre terre, et beaucoup étaient en uniforme de l'Armée. [...]. Plusieurs corps de femmes en civil ont également été trouvés dans les tombes. [...]. Le nombre total des fusillés et enterrés sur le territoire du site Uruchye, selon les témoignages de prisonniers de guerre et les données d'experts, dépasse les 30 000.

Au Nord-est du camp, sur le territoire de la colonie Drozdy, on a découvert un fossé de 400 mètres de long, deux mètres et demi de large et deux mètres et demi de profondeur. Au cours de fouilles menées à plusieurs endroits dans le fossé, on a trouvé des restes de corps (crânes, os) et des vêtements pourris. L'enquête a révélé que près de 10 000 citoyens soviétiques fusillés par les Allemands avaient été enterrés dans cette fosse.

Des charniers de Soviétiques torturés à mort par les Allemands ont également été découverts dans le cimetière juif de Minsk, dans Tuchinka, dans Kalvariskoye et dans d'autres endroits.

La Commission médico-légale d'experts composée de l'académicien Burdenko, de la Commission d'État extraordinaire, docteur en médecine, du Professeur Smolyaninov, docteur en médecine, du Professeur de médecine légale Chervakov, a établi que les scélérats allemands ont exterminé des habitants pacifiques et des prisonniers de guerre soviétiques, par la faim et le travail au-delà des forces humaines, par l’empoisonnement avec du monoxyde de carbone et par des fusillades. L'enquête a révélé que, à Minsk et ses environs les hitlériens ont exterminé près de 300 000 citoyens soviétiques, sans compter ceux brûlés dans l'incinérateur.»

Selon le rapport soviétique du 25 juillet 1944 relatif à des «crimes de violence commis dans le camp de concentration près du village de Trostenets», pas moins de 546 000 personnes ont été assassinées dans Maly Trostenets[115]. Ce chiffre est bien trop élevé et ne correspond pas à la réalité des faits.

Il est particulièrement marquant de constater dans le rapport soviétique de septembre 1944 que pratiquement aucune information n'est fournie concernant les victimes. Qui étaient-elles et d'où venaient-elles? Nous lisons simplement qu'elles faisaient partie des «300 000 citoyens soviétiques» exterminés par les Allemands « à Minsk et ses environs ». Cette affirmation exclue donc le transport de victimes juives de l'Ouest. Cependant, dans un communiqué officiel publié le 19 décembre 1942 par le Bureau de l'information du Commissariat du peuple aux Affaires étrangères, nous lisons que « des massacres brutaux de Juifs amenés d'Europe centrale et occidentale sont également signalés dans Minsk, Byelostok, Brest, Baranovici et autres villes de la République socialiste soviétique de Biélorussie[116]. » Mais, selon l'historiographie d'après-guerre, il n'y a jamais eu de convois de Juifs vers la Biélorussie venant des pays occupés par l'Allemagne en Europe de l'Ouest (France, Belgique et Pays-Bas). Les recherches historiques les plus récentes confirment cette absence.

---

115 C. GERLACH, *Kalkulierte Morde , Opus.cit.*, p. 770 n. 1469.

116 Les déclarations du gouvernement soviétique sur les atrocités nazies, op.cit., p. 59.

L'historien Paul Kohl, écrit que les meurtres de masse à Maly Trostenets ont été inclus dans un essai qui a été rédigé à Minsk en janvier 1946, et que les conclusions de cette étude ont été publiées à Minsk en 1947[117].

Il est clair qu'un nombre inconnu d'anciens détenus de Maly Trostenets ont été interrogés en été 1944 dans le cadre des enquêtes de la Commission d'État extraordinaire soviétique. Deux extraits des protocoles de ces interrogatoires ont été programmés pour publication dans le livre d'Ilya Ehrenbourg et de Vassili Grossman sous le titre «*Documents compilés par la Commission d'État spéciale sur la vérification des enquêtes sur les atrocités commises par les envahisseurs fascistes allemands* », mais ils ont finalement disparu du volume publié. Beaucoup plus tard, les extraits ont été inclus dans une édition complète du *Livre Noir des Juifs de Russie*. Le premier extrait est intitulé « *Protocoles pour l'enquête témoin Mira Markovna Zaretskaya 9 août 1944*». Le témoin est longuement et méticuleusement questionné par Nikolai Burdenko (1876-1946), l'homme derrière la commission soviétique frauduleuse du massacre de Katyn[118]:

---

117 Paul KOHL, *Der Krieg der deutschen und der Wehrmacht Polizei 1941-1944. Sowietische Überlebende berichten*, Fischer, Frankfurt am Main, 1995, p. 100. Selon Paul Kohl les documents originaux en allemand sont conservés dans les archives du KGB à Moscou, Sig. H-18763, et se compose de 18 volumes.

118 Gerd KAISER, *Katyn: Das Staatsverbrechen- das Staatsgeheimnis,* 2003, Franz KADELL, *Die Katyn Lüge, Geschichte einer Manipulation. Fakten, Dokumente und Zeugen*, Herbig 1999, Victor ZASLAVSKY, *Le massacre de Katyn: crime et mensonge*, Paris, Perrin 2007, Alexandra VIATTEAU, *Katyn: la vérité sur un crime de guerre*, Paris, André Versailles 2009, ainsi que le film d'Andrej WAJDA, *Katyn,* éditions Montparnasse 2010.

« Nikolai Burdenko: Qu'avez-vous vu dans le camp de concentration [Maly Trostenets] ? Comment les prisonniers de guerre et les civils y ont été confinés?

Mira Zaretskaya: Les prisonniers de guerre et autres détenus vivaient dans une caserne. Elle était surpeuplée. Ce n'était pas vraiment une caserne, mais davantage un hangar. Les prisonniers et les soldats étaient ensemble.

Nikolai Burdenko: Les femmes étaient-elles logées séparément?

Mira Zaretskaya: Il n'y avait pas de femmes parmi les prisonniers de guerre ou les autres prisonniers. Les femmes juives vivaient séparément. Seules les familles sont restées ensemble.

Nikolai Burdenko: Que savez-vous à propos des meurtres de masse et quand ont-ils commencé?

Mira Zaretskaya: Les tirs ont commencé dans le camp en Octobre 1943[119]. Chaque jour, je voyais des camions couverts amenant les gens de Minsk pour les abattre et les brûler dans des fosses. Le 23 Juin [1944] un très grand nombre de camions sont arrivés, plus que vous pouvez compter.

Nikolai Burdenko: Avez-vous vu des gens brûlés dans les fours crématoires?

Mira Zaretskaya: Moi, je n'ai pas vu les gens brûler, mais j'ai vu la fumée et les flammes, et j'ai entendu les fusillades.

---

119 La date d'arrivée du témoin n'est pas mentionnée.

Nikolai Burdenko: Ont-ils dit combien de prisonniers avaient été brûlés dans le camp?

Mira Zaretskaya: De très nombreux prisonniers ont été brûlés. Je dirais un demi-million. Dans les villages de la région, ils ont arrêté les familles des personnes qui avaient rejoint les partisans[120]. »

Nous remarquons immédiatement ici que les déclarations de Mira Zaretskaya concernant l'extermination sont soit basées sur des ouï-dire auditif ou sur des impressions visuelles. Bien qu'elle mentionne le fait que les Juifs ont été arrêtés dans le camp, il n'y a aucune mention de sa part du fait que les Juifs furent assassinés en masse; les seules victimes identifiées du massacre sont les familles des partisans dont l'ethnicité n'est pas révélée. Ce qui démontre une manipulation du témoin dont les déclarations furent certainement très orientées en amont par les autorités russes. D'autre part, le chiffre d'un demi-million de morts avancé par le témoin est très excessif.

Le deuxième extrait est tiré de « *Protocoles pour l'enquête, le témoin Lev Shaevich Lansky, le 9 août 1944*». Le témoin est lui aussi questionné par Nikolai Burdenko:

« Lev Lansky: Je suis arrivé dans un camp de concentration le 17 janvier 1942, dans le camp Maly Trostenets.

Nikolai Burdenko: Pouviez-vous vous déplacer librement dans le camp?

---

120 Ilya EHRENBURG, Vassili GROSSMAN, David PATTERSON (dir.), *The Complete Black Book of Russian Jewry,* Transaction Publishers, New Brunswick Londres 2002, p. 193-194.

Lev Lansky: Je pouvais me déplacer autour.

Nikolai Burdenko: Quand est-ce que les Allemands ont commencé à brûler les corps?

Lev Lansky: Je ne peux pas vous dire la date exacte. Il y a environ huit mois [décembre 1943, selon le témoin].

Nikolai Burdenko: Ont-ils fait brûler des corps devant vos yeux?

Lev Lansky: je l'ai vu moi-même. J'y travaillais comme électricien, et chaque fois que je montais pour travailler les fils, je pouvais tout voir.

Nikolai Burdenko: Avez-vous vu les Allemands brûler des gens vivants?

Lev Lansky: Oui, ils ont brûlé des personnes vivantes.

Nikolai Burdenko: Où ont-ils brûlé les gens en vie?

Lev Lansky: Dans le camp. Ils mettaient les gens face à un entrepôt en feu et ils les forçaient à rentrer. Ils ont aussi gazé des personnes dans les camionnettes. Tout le temps.

Nikolai Burdenko: À quand remonte la dernière fois où ils ont brûlé des gens?

Lev Lansky: Le 28 Juin [1944].

Nikolai Burdenko: Avez-vous vu brûler des femmes et des enfants vivants?

Lev Lansky: Oui. Je l'ai vu.

Nikolai Burdenko: Avez-vous entendu les cris, les pleurs, et les pleurs des enfants qui ont été conduits dans les flammes?

Lev Lansky: Oui. J'ai entendu et vu tout moi-même.

Nikolai Burdenko: Saviez-vous s'ils avaient un four?

Lev Lansky: Il y avait une fosse de neuf mètres par neuf mètres. Nous avons creusé nous-mêmes. Ce fut il y a environ huit mois.[...] Nous avons tous eu du savon et des vêtements de Juifs allemands qui avaient été abattus. Il y avait quatre vingt dix neuf transports de mille personnes chacune qui sont venus d'Allemagne, d'Autriche et de la Tchécoslovaquie.

Nikolai Burdenko: Combien ont été brûlés à Maly Trostenets, outre les Juifs d'Allemagne, d'Autriche et de la Tchécoslovaquie?

Lev Lansky: près de 200 000 personnes. Je ne sais pas exactement combien ont été abattus avant mon arrivée; 299 000 personnes ont été tuées pendant que nous étions là-bas[121]. »

La déclaration de Lev Lansky sur les crémations contredit la version officielle, qui veut que les crémations à Blagovshchina ont commencé en octobre 1943, tandis que le «four» sur le site Shashkovka, qui est situé à environ un demi-kilomètre au sud du kolkhoze, non loin du lac Shashkovka, a été construit à la même époque, « à l'automne 1943 ». La datation de Lansky mettrait le début de crémations dans le courant de décembre 1943. Il convient de rappeler ici que le travail de la crémation des

121 *Ibid.*, pp. 194-195.

corps enterrés sur le site Blagovshchina aurait été déjà terminé à la mi-décembre 1943. Le témoin est-il totalement fiable ? Le témoin relie le «four» avec les meurtres qui auraient eu lieu en 1944, lorsque le site Blagovshchina selon toutes les sources n'était plus en usage. Pourtant, le four décrit par lui - « une fosse neuf par neuf mètres » à l'aide de « rails de fer» avec une «bombe incendiaire» et « de gros morceaux de bois » empilés dessus – serait une adaptation des bûchers en plein air qui auraient été employés par le *Sonderkommando* 1005 à Blagovshchina[122]. Mais cette description ne correspond pas à la construction du four avec des feuilles de métal perforées qu'aurait découvert la Commission d'État extraordinaire soviétique sur le site Shashkovka.

Le nombre de Juifs assassinés venant d'Europe centrale allégué par Lansky est, il va sans dire, beaucoup plus élevé que celui affirmé par les historiens, qui avancent généralement des estimations comprises entre 15 000 et 20 000 personnes.

Il est à noter que, malgré le témoignage de Lansky, le rapport de septembre de 1944 ne mentionne pas de victimes non-soviétiques à Maly Trostenets.

Globalement, la Commission d'État soviétique présente des conclusions délibérément erronées, surtout au sujet du nombre des victimes. Il est en effet, et de manière quasi systématique, fait abstraction du sort des Juifs qui furent quand même au premier rang des victimes à Maly Trostenets. De même, les témoignages recueillis ne sont pas toujours très fiables. Les travaux de cette commission ne sont donc malheureusement pas neutres et déforment trop souvent les faits. Cette façon de procéder est propre à

122 Déclaration de l'auteur présumé Adolf Rübe cité dans Paul Kohl, *Das Vernichtungslager Trostenez , Opus.cit.*, p. 78.

un grand nombre de pays non démocratiques et ressemble comme deux gouttes d'eau à l'attitude des Soviétiques lors de la découverte du massacre de Katyn : mensonge, dissimulation, déformation.

IV

ETUDE DES CONCLUSIONS DE LA COUR FEDERALE DE JUSTICE DE COBLENCE

En 1963, onze anciens membres de la KdS Minsk — Georg Heuser, Karl Dalheimer, Johannes Feder, Arthur Harder, Wilhelm Kaul, Friedrich Merbach, Jakob Oswald, Rudolf Schlegel, Franz Stark, Ernst von Toll et Artur Wilke — ont été jugés par le Tribunal fédéral de Coblence (*Landgericht Koblenz)*. De très nombreuses charges étaient liées à des meurtres de masse perpétrés à Maly Trostenets. Le chef d'accusation était : crimes commis à Minsk, Trostenets, Koydanov, Rakow, Slonim, Sluck : fusillades, gazages dans des camions... Accusation d'avoir brûlé vivants des prisonniers de guerre soviétiques et des Juifs d'Europe de l'Ouest déportés à Minsk, d'handicapés mentaux, d'autres civils soviétiques et des agents soviétiques entre 1941 et 1944. Mais aussi des meurtres de 300 hommes, femmes et enfants de Minsk, en représailles de l'attentat perpétré contre le commissaire général Kube.

Sur la base des documents de chemin de fer conservés connus à cette époque, le tribunal a déterminé que seize transports avaient atteint Maly Trostenets. Les huit premiers convois étaient arrivés à Minsk, où les déportés étaient chargés sur des camions et amenés à Maly Trostenets; les huit derniers convois étaient arrivés directement par train à Maly Trostenets, via la station Kolodishchi, qui était le deuxième arrêt sur la ligne Minsk-Smolewiece[123]. Le « nombre minimum de tués» pour chaque convoi a été estimé compte tenu probablement des décès survenus en cours de transport et des sélections pour travailler à Maly Trostenets.

---

123 Le réacheminement de Kolodishchi (orthographe allemande Kolodischtschi) est confirmée par Fahrplanordnung pas. 62. Cf. Heiner Lichtenstein, *Mit der in den Tod Reichsbahn. Massentransporte in den Holocauste 1941 bis 1945* , Bund Verlag, Cologne 1985, pp. 70-74.

Bien que la Cour ait pris soin de déterminer le nombre de trains de déportation, les dates de départ et d'arrivée, ainsi que le nombre de déportés, il n'y a aucune indication dans le verdict d'une vérification effectuée du fait que la grande majorité des déportés avaient en effet été assassinés après leur arrivée à Maly Trostenets. Au contraire, il semble que cela a été admis d'office sur la base d'une déclaration sous serment que l'ancien chef KdS de Minsk, Eduard Strauch, avait fait en janvier 1948[124]. Les défendeurs naturellement recoururent à la stratégie bien connue de nier l'implication personnelle dans certains cas d'assassinats de masse en affirmant qu'ils avaient agi sur ordres et sous la menace de mort. Georg Heuser eut même l'audace d'affirmer que deux des convois de l'été n'avaient pas été assassinés à l'arrivée, suite à des problèmes techniques, mais envoyés dans le ghetto de Minsk et seulement exterminés plus tard. Cette version des faits fut rejetée par le tribunal au motif qu'un certain nombre de témoins juifs du ghetto ne se pas rappelaient absolument pas ces arrivées de Juifs[125].

L'extermination des convois arrivant est décrit dans le verdict comme suit:

---

124 Cf. *Justiz und NS-Verbrechen*, vol. XIX, op. cit., p. 192: « En avril 1942, Heydrich s'est personnellement rendu à Minsk et a informé le commandant de la *Sicherheitspolizei* et la SD Strauch qu'à partir de maintenant les Juifs allemands et européens seraient aussi exterminés. Par la même occasion, il a annoncé le renouvellement des convois de Juifs de l'Ouest de Minsk, qui avait été annulé à la fin de novembre 1941. Il a ordonné que ceux-ci devaient être tués dès leur arrivée. »Dans la liste des documents cités (ibid. ., pp 315-317) il n'y a pas trace d'un quelconque ordre écrit de Heydrich conservé de cette période; d'autre part, nous trouvons une «déclaration sous serment de Eduard Strauch du 22 Janvier 1948 », « Bundesarchiv Koblenz, tout. Proz. XXVII ZA / 4 fol. Transcriptions 1-12 ainsi associé Volume 7, 978ff. »(Ibid., P. 317).

125 *Ibid.*, p. 196; La déclaration de Georg Heuser est reproduit dans P. Kohl, *Das Vernichtungslager Trostenez , Opus.cit.*, pp. 60-61.

« Afin de pouvoir mener à bien l'extermination de tant de gens en douceur et dans un laps de temps court, le commandant Strauch a fait d'importants préparatifs organisationnels. Il a choisi comme site d'exécution un bosquet de pins situé à environ 3-5 km de Maly Trostenets. Le camp de Maly Trostenets était un ancien kolkhoze qui avait été repris et mis en service par le département KdS en avril 1942. Il était situé à environ 15 km au sud-est de Minsk et pouvait être rejoint par la route Minsk-Mohilev-Smilovichi, à partir de laquelle un embranchement conduisait à quelques centaines de mètres au sud du camp. Vu la succession de bosquets de pins situés sur la route de Smilovichi, il fallait pour l'atteindre faire un détour, puis continuer pendant quelques kilomètres en direction de Smilovichi, et enfin utiliser un chemin de terre vers le nord, derrière des taillis. Le camp était donc situé à distance de toute habitation humaine et à une distance assez éloignée pour rendre difficile toute observation à l'œil nu.

Grâce à des contacts étroits avec le responsable *Haupteisenbahndirektion* Mitte à Minsk, où les KdS ont placé un homme de liaison, on a vu que l'heure exacte d'arrivée de chaque convoi, par heure et minute, a été communiquée en temps utile, soit par écrit soit par téléphone. Des fosses ont été creusée près du camp de Maly Trostenets. Les dimensions de ces fosses ont varié. Elles étaient souvent de 3 mètres de profondeur et de largeur et jusqu'à 50 mètres de long. Afin de réaliser l'excavation des fosses, des prisonniers de guerre russes ont été transportés d'une prison gérée par les KdS. Ce travail a pris plusieurs jours.

Les exécutions elles-mêmes ont été effectuées à la suite d'un «plan-cadre» élaboré par le SS-*Obersturmführer* Lütkenhus. Lors de chaque opération, le déploiement des hommes a suivi le modèle de ce plan. Pour chaque «centre» [*Schwerpunkt*] a été attribué des commandos spéciaux sous la direction d'un *Führer*. Dans l'ensemble, de 80 à 100 personnes, y compris les hommes des *Schutzpolizei* et *Waffen-SS,* ont été utilisés pour les différentes tâches. [...].

Le cours d'une exécution suivait toujours un calendrier immuable, de sorte que tout le monde savait sa tâche en détail et était capable de l'effectuer sans avoir besoin d'aucune autre instruction. En général, les exécutions duraient du matin jusqu'à la fin de l'après-midi. Avec des convois qui arrivaient entre 4h et 7h le matin, il était assuré que les déportés pouvaient être tués sans plus tarder — certains d'entre eux même quelques heures seulement après leur arrivée.

Un groupe de membres du KdS veillait à ce que le déchargement des personnes qui arrivaient et de leurs bagages était effectué de manière ordonnée. Ensuite, un autre commando avait pour tâche de dépouiller les Juifs de tout l'argent et des objets de valeur. A cet effet, il y avait aussi des fouilles corporelles.

Au point de collecte, d'autres membres des commandos avaient pour mission de sélectionner les déportés aptes au travail sur le camp de Maly Trostenets. Leur nombre variait entre 20 et 80 au plus.

Pour les huit premiers convois, y compris celui du 24 juillet 1942, le déchargement, la collecte et la sélection ont été réalisés à la station de fret de Minsk. Ensuite, d'un site de chargement les Juifs sont partis sur des camions pour le camp à 18 km. Afin d'éviter que plus d'un véhicule n'arriva en même temps sur le site d'exécution — ce qui pouvait, vu le nombre, donner envie aux déportés de résister — les camions partaient avec un certain intervalle entre eux. Cela a été vu par un membre du département sur le site de chargement.

Depuis l'arrivée du neuvième transport, le 10 août, les trains furent amenés à proximité immédiate du camp de Maly Trostenets. A cet effet, la *Reichsbahn*[126] dirigea les trains par la gare de fret de Minsk à la localité de Kolodishchi, à environ 15 km au nord-est[127], d'où une piste fermée courait en direction sud. [...] Une fois débarqués, les Juifs étaient conduits dans un pré à environ 100 mètres, et après la sélection de la main-d'œuvre pour le camp, ils étaient conduits vers un site de chargement à proximité, d'où ils étaient envoyés aux fosses à quelques kilomètres. Parfois, ils parcouraient cette distance à pied. [...] Selon la longueur de la fosse, jusqu'à 20 tireurs étaient présents. [...] Avant le début de l'opération chaque tireur recevait, en règle générale, 25 balles. Cette remise avait lieu sans aucune formalité, et il n'y avait pas de reçu. Si un tireur avait besoin de plus de munitions, il allait à la boîte de munitions placée près de la fosse et se servait. Pour le meurtre, la balle était le plus souvent tirée dans la nuque. Si le tireur soupçonnait que la victime n'avait pas été mortellement touchée, des coups de feu supplémentaires étaient tirés, mais aussi un pistolet-mitrailleur pouvait tirer jusqu'à ce que plus personne ne bouge.

---

126 La *Deutsche Reichsbahn* (DR, littéralement le « Chemin de fer de l'Empire allemand ») est le nom de la compagnie nationale des chemins de fer allemands.

127 Une station nommé Kolodishchi (Kolodziszcze) est en effet situé à 18 km au nord-est, comme le montre la Übersichtskarte von Mitteleuropa , U54 Minsk; elle ne doit pas être confondue avec le Koladicze situé à environ 10 km au sud de Minsk, également près de la voie de chemin de fer.

Début juin 1942, des camions à gaz furent aussi employés pour les meurtres. Le département KdS avait à sa disposition trois de ces fourgons, un grand van Saurer et deux fourgonnettes plus petites. [...]. Les camions à gaz étaient équipés d'un montage en forme de boîte, qui les faisait ressembler à des camions de déménagement. A l''intérieur, ils étaient couverts de tôle. La seule ouverture était la double porte de l'aile à l'arrière. Un petit escalier pliant était utilisé pour rendre la procédure de chargement plus facile. […] Une fois rendues à Maly Trostenets, les victimes montaient dans les camions. Ceux-ci étaient toujours chargés complètement afin que les humains soient entassés. Ainsi, jusqu'à 60 personnes pouvaient être entassées à l'intérieur du camion. Ensuite, les portes étaient fermées et les prisonniers se retrouvaient dans l'obscurité complète et bouclés hermétiquement [*luftdicht abgeschlossen*] du monde extérieur. Les camions à gaz se dirigeaient ensuite sur le site d'exécution, et s'immobilisaient près de la fosse. Alors, la procédure d'extermination pouvait commencer. Le conducteur attachait un tuyau [*Schlauch*] de telle sorte que les gaz d'échappement du moteur en marche étaient évacués à l'intérieur de la camionnette arrêtée. La panique éclatait rapidement à l'intérieur. Dans leur angoisse de la mort, les prisonniers se piétinaient les uns les autres et hurlaient ou battaient des poings contre les parois du camions. De ce fait, le véhicule se balançait d'un côté à l'autre pendant quelques minutes. Après environ 15 minutes d'attente, l'intérieur du camion ne faisait plus entendre aucun bruit ni voir aucun mouvement. Les prisonniers étaient morts. Ensuite, les portes étaient ouvertes. Les cadavres étaient retirés par un commando spécial de Juifs ou de prisonniers russes et jetés dans les fosses. L'intérieur de la camionnette offrait une vue horrible. Les cadavres étaient souillés de sang, de vomissements et d'excréments. Il était donc toujours nécessaire de nettoyer le camion avant de le réutiliser. Cela se faisait habituellement dans une prairie à proximité immédiate du camp de Maly Trostenets. Les retards ainsi causés, de même que des dysfonctionnements fréquents pouvaient être les raisons pour lesquelles les camions ne furent pas toujours utilisés, de sorte que les fusillades de Juifs continuèrent.

Afin de dissiper toute méfiance possible parmi les Juifs nouvellement arrivés, le commandant Strauch demandait aux membres du département KdS de tenir un discours rassurant. Un SS-*Führer* ou *Unterführer* accueillait les déportés au point de collecte et leur déclarait qu'ils étaient «réinstallés» sur l'ordre du *Führer* et qu'ils seraient envoyés pour travailler dans les fermes agricoles jusqu'à la fin de la guerre. Il semble que la plupart d'entre eux avaient confiance en ces mots. Dans tous les cas, les victimes montèrent toujours dans les camions à gaz tranquillement et calmement. Un langage de camouflage correspondant avaient été couramment utilisé, par exemple dans les écrits officiels, où les exécutions ont été appelées «règlement» [*Ansiedlung*] ou «réinstallation» [*Umsiedlung*] et de règlement des zones «[les sites d'exécution *Siedlungsgelände*][128]. »

Quant à l'extermination partielle des détenus du ghetto de Minsk à la fin de juillet 1942, la seule preuve documentaire présentée est le document du Procès de Nuremberg 3428-PS, une lettre du *Generalkommissar* Wilhelm Kube (1887-1943), le responsable du ghetto de Minsk et de sa liquidation, au *Reichskommissar* Hinrich Lohse, du 31 juillet 1942, dans laquelle il est indiqué que 6500 Juifs du « ghetto russe » et 3500 Juifs du «Ghetto Hambourg» avait été liquidés les 28 et 29 juillet[129]. La Cour a jugé, toutefois, que le chiffre mentionné par Kube

128 *Justiz und NS-Verbrechen*, vol. XIX, *Opus.cit.*, pp. 193-195.
129 Document 3428-PS, IMT vol. XXXII, p. 280.

«ne peut pas être totalement fiable». Le verdict fut que l'extermination avait duré du 28 au 30 Juillet, et a en outre conclu que sur chacun de ces trois jours, «un minimum de 2000 et un maximum de 3500 personnes ont été livrées à la mort[130]. »

Selon le verdict, il y avait « au moins » 6500 Juifs russes et allemands à Minsk le 1er Septembre 1943:

« Au début de 1942, le ghetto de Minsk a été occupé par environ 25 000 personnes, dont 18 000 étaient russes et quelque 7000 Juifs allemands ainsi que les Juifs des territoires de l'Ouest. Le nombre de Juifs russes découle d'un rapport non daté, rédigé par le SS-*Obersturmführer* Kurt Burkhardt avec le titre « *Judentum* » [les Juifs], probablement de Janvier 1942[131]. Comme Burkhardt était à cette époque responsable des affaires juives au département [local] du KdS et donc impliqué dans les questions relatives au ghetto, ses déclarations sont particulièrement probantes. Le nombre de déportés juifs de l'Ouest à Minsk est confirmé par de nombreux documents, notamment des listes de transport. [...].

Parmi ces quelque 25 000 personnes, au moins 3000 personnes furent tuées en mars 1942 et au moins 9000 au cours de juillet, ce qui donne au total 12 000 Juifs. En conséquence, il devait encore y avoir 13 000 personnes vivantes dans le ghetto après juillet. En fait, il n'en restait probablement que 8600. Ceci est confirmé par un écrit du *Generalkommissar* Wilhelm Kube au ministère du *Reich* des Territoires occupés de l'Est, daté du 31 juillet 1942. Nous lisons plus loin que sur les 8600 Juifs restants, 6000 étaient russes et les autres [2600] avaient été transportés à Minsk des territoires de l'Ouest. [...].

130 *Justiz und NS-Verbrechen*, vol. XIX, *Opus cit.*, pp. 197-198.
131 Document 2273-PS, IMT vol. XXX, p. 72f.

Nous n'avons aucune preuve documentaire pour le nombre de personnes tuées dans le cadre de la liquidation du ghetto. La dernière communication qui permet une conclusion à cet égard découle d'avril 1943. Dans une étude présentée par le chef inspecteur du gouvernement [*Regierungsoberinspektor*] Moos du ministère du Travail [*Arbeitsamt*] de la ville de Minsk[132], il a été signalé que, «8500 travailleurs juifs avaient été enregistrés. Depuis juillet 1942 tous les Juifs inaptes au travail avaient été tués, les 8500 travailleurs mentionnés par Moos correspondent au nombre total de Juifs vivant à Minsk[133]. »

S'appuyant sur un certain nombre de témoignages, la Cour a conclu que, entre avril et octobre 1943, un maximum de 2000 Juifs avaient été tués au cours des opérations de la liquidation du ghetto[134] :

« Après 14 jours, un convoi de quelque 1000 hommes a été préparé dans le camp de travail, qui a ensuite été amené par le train à Lublin pour y travailler. Il y a certaines indications selon lesquelles il aurait existé un second transport, composé uniquement de femmes juives[135]. »

En conséquence quelque 4500 Juifs sont encore à Minsk au début du mois d'octobre 1943. Parmi ceux-ci, plusieurs groupes ont ensuite été transférés au cours des semaines suivantes jusqu'à Maly Trostenets en groupes de

---

132 Dans la liste des documents à la fin du verdict, nous trouvons un " *Referat des Regierungsoberinspektors Moos, gehalten auf der Tagung vom 8.-10. Avril 1943* "dont une photocopie a été présenté à la Cour par les autorités soviétiques.
133 *Justiz und NS-Verbrechen*, vol. XIX, *Opus cit.*, pp. 202-203.
134 *Ibid.*, p. 203.
135 *Ibid.*, p.202.

500 personnes environ et ils ont été tués une fois sur place selon la procédure habituelle[136].

La description de la liquidation du ghetto par la Cour présente peut-être certaines failles. Ainsi, dans une liste de 878 détenus du ghetto de Minsk datant de 1943 pas moins de 227 sont des enfants entre 2 et 15 ans (85 d'entre eux de 10 ans ou moins), ce qui représente plus d'un quart. La liste comporte également une dizaine de personnes âgées, y compris une personne de 86 ans[137]. L'affirmation selon laquelle tous les détenus du ghetto inaptes au travail ont été tués en juillet 1942 prête donc à controverse, et les 8500 travailleurs juifs à qui des cartes avaient été émises au début du printemps 1943 pourrait donc ne pas correspondre au nombre total de détenus présents dans le ghetto à ce moment là. Mais il est difficile de s'appuyer sur des chiffres totalement irréfutables. Pour notre part, le chiffre de 2000 personnes tuées lors de la liquidation du ghetto semble probable.

Il y a aussi beaucoup de preuves indiquant que plus que deux convois de Juifs sont partis de Minsk en septembre 1943. Ainsi, le témoin Schlomo Lajtman affirme qu'il a été expulsé de Minsk à Sobibor le 15 septembre 1943. Le train a mis quatre ou cinq jours pour atteindre Sobibor[138]. Un autre convoi a quitté Minsk vers Sobibor le 18 septembre 1943 et est arrivé le 22 septembre. Parmi les 2000 déportés se trouvaient Arkadij Wajspapir, Semjon Rosenfeld ainsi que Alexander Pechersky, qui a dirigé la

---

136*Ibid.*
137 Jürgen GRAF, Carlo MATTOGNO, *Treblinka. Camp d'extermination ou camp de transit?* , Chicago 2004, pp. 214-215. Attention : ces deux auteurs ont signé des écrits révisionnistes. De ce fait, leurs travaux sont logiquement très controversés.
138 Jules SCHELVIS, *Sobibor. Une histoire d'un camp de la mort nazi* , Berg, Oxford / New York 2007, p. 218, 240.

révolte des prisonniers du camp de Sobibór le 14 octobre 1943[139].

Selon le témoin Arkadij Wajspapir, un troisième transport en provenance de Minsk est arrivé à Sobibor quelques jours après le sien[140]. Le témoin Yehuda Lerner, qui a également été expulsé de Minsk, affirme que Pechersky était déjà à Sobibor quand il est arrivé[141]. Selon Lerner son convoi est arrivé à Sobibor via Lublin et Chelm[142].

Selon un journal tenu par Hélène Chilf, une détenue du camp de travail de Trawniki, dans le district de Lublin, deux convois sont arrivés à Trawniki de Minsk via Lublin entre le 16 et le 19 septembre 1943. Dans le second convoi se trouvait une juive du nom de Zina Czapnik, qui a témoigné après la guerre qu'elle et 400 à 500 autres Juifs, y compris son mari, avaient été envoyés d'abord vers Sobibor, où 200 à 250 personnes, y compris elle-même, avaient été sélectionnées pour Trawniki[143]. A en juger par les dates, les deux transports mentionnés par Hélène Chilf ne pouvaient pas être les mêmes que les deux convois précités au départ de Minsk les 15 et 18 septembre (à condition que ce fait se déroula sur quatre ou cinq jours pour que les transports atteignent Sobibor, comme l'attestent les témoins Alexander Pechersky et Boris Taborinsky).

Le Juif allemand Heinz Rosenberg, qui a été expulsé de Hambourg à Minsk en novembre 1941, affirme dans ses mémoires que lui et 999 autres Juifs ont été déportés de

---

139 *Ibid.*, p. 218, 241.

140*Ibid*, p.219.

141 Mémorial de la Shoah, Entretien avec Yehuda Lerner, en ligne.

142*Ibid*, pp.14-15.

143 J. SCHELVIS, *Sobibor. Une histoire d'un camp de la mort nazi* , *Opus cit.*, pp. 219-220.

Minsk à Treblinka le 14 septembre 1943. A l'arrivée à Treblinka, Rosenberg et 249 autres travailleurs qualifiés ont été séparés du reste et envoyés par le train dans un camp de travail à Budzyń[144]. Le chef de gare Franciszek Zabecki confirme dans ses mémoires que le transport juif de Minsk avec le code "PJ 1025" et composé de 50 wagons est arrivé à Treblinka le 17 septembre 1943 et a été envoyé à partir de là « à Chelmno (en fait à Sobibor)[145] ». Aucun des témoins de Sobibor déportés de Minsk ne parle, cependant, d'un transport de Biélorussie arrivant par Treblinka. Il semble logique de supposer que Rosenberg et Zabecki parlent du même convoi, mais le nombre de wagons mentionné par ce dernier implique clairement un certain nombre de déportés supérieur à 1000. Marie Mack, qui a été déportée de Vienne jusqu'en Biélorussie, le 27 mai 1942, et a été détenue pendant plus d'un an à Maly Trostenets, a déclaré, à une date non précisée en septembre 1943, qu'elle et 999 autres Juifs russes et allemands ont été déportés de Minsk à Lublin. Après avoir passé plusieurs semaines dans le camp de concentration de Majdanek, elle a été envoyée dans d'autres camps de travail[146].

La Cour fédérale de Coblence n'a pas traité de façon séparée les massacres de Maly Trostenets. Parmi les neuf cas de massacres traités dans le cadre du procès, quatre concernaient directement Maly Trostenets, soit 27 000 victimes au total (voir Annexes). Ce total sous-évalue le nombre total de victimes. D'autre part, la Cour fédérale de

144 Heinz ROSENBERG, Jahre des Schreckens ... und ich blieb Ubrig, dass ich la ansage de Dir , Steidl Verlag, Göttingen 1985, pp. 72-73, 77-78.

145 Révolte à Treblinka et la liquidation du camp , http://www.deathcamps.org/treblinka/zabeckirevolt.html

146 Gertrude SCHNEIDER, *Exil and Destruction : The fate of Austrian Jews, 1938-1945* , Praeger, Westport (Connecticut), 1995, p. 101.

Coblence date l'ouverture du camp d'avril 1942, alors qu'il s'agit de novembre 1941 ou, au plus tard de janvier 1942. Certes, les premières vagues massives d'exécutions débutèrent au printemps 1942, ce qui explique sans doute ce choix.

Le procès s'est achevé sur la condamnation à la prison à vie pour Franz Stark (membre du *Sonderkommando* 1b, il fut impliqué dans des massacres à Riga et à Minsk), à 15 ans de prison pour Georg Albert Wilhelm Heuser, tandis que les dix autres accusés ont été condamnés à des peines de prison allant de 10 ans à 4 ans et 6 mois : Artur Fritz Wilke (10 ans) ; Rudolf Schlegel (8 ans) ; Friedrich Merbach (7 ans) ; Johannes Hugo Otto Feder, Wilhelm Kaul, Eberhard Richard Ernst von Toll (4 ans et demi) ; Karl Robert Dalheimer, Jakob Herbert Oswald (4 ans) ; Arthur Alexander Harder vit son jugement annulé.

Le verdict de la Cour fédérale de Coblence s'appuie donc sur un ensemble de documents et de témoignages. Il est possible de regretter que certains aspects des faits demeurent encore un peu dans l'ombre à l'issu des débats, que certains faits n'ont pas toujours été traités avec la rigueur nécessaire, que certains éléments annexes ne soient pas creusés davantage. Il n'en demeure pas moins que ce procès indispensable s'est déroulé dans un large souci d'objectivité et qu'il a permis de mettre sur la place publique les assassinats qui se déroulèrent à Maly Trostenets et de détailler les convois qui arrivèrent régulièrement à Minsk. Il est possible également de regretter la « légèreté » de certaines condamnations, ainsi que l'absence de certains criminels de l'époque et de leurs complices, mais ce dernier aspect des choses n'est bien entendu pas imputable à la Cour.

Coblence que l'ouverture du camp d'avril 1942, alors qu'il s'agit de novembre 1941 ou au plus tard de janvier 1942. C'est-à-dire les premières vagues massives d'exécutions débutèrent au printemps 1942. Ce qui explique sans doute ce choix.

[illegible]

V

ETUDE DES RECHERCHES HISTORIQUES INTERNATIONALES

a) Les recherches de Hans Günther Adler

En 1955, l'historien tchèque Hans Günther Adler a publié une étude dans laquelle il fait en détail la chronique du ghetto de Theresienstadt, où il avait lui-même été détenu de 1942 à 1944. Dans cette étude, Maly Trostenets est décrit ainsi:

« Maly Trostenets, à dix kilomètres de Minsk, était un camp de la mort pour les Tchèques, les Allemands et les Juifs autrichiens. En 1942, 39 000 victimes ont été amenées ici[147]. »

En 1974, HG Adler a publié une nouvelle étude sur les déportations juives d'Allemagne, d'Autriche et du Protectorat de Bohême-Moravie portant le titre *Der Mensch verwaltete*, dans lequelle on trouve la brève description suivante du camp de Maly Trostenets:

« Le camp de Maly Trostenets est situé dans un petit village, qui, avant l'occupation avait constitué un kolkhoze; la superficie est de 250 hectares. Ici, les prisonniers ont été également logés, d'abord dans les porcheries, plus tard dans la caserne qui abritait de 150 à 160 personnes. Au cours de 1942, un total de 39 000 Juifs d'Allemagne, d'Autriche, de Bohême-Moravie, du Luxembourg, des Pays-Bas et aussi de l'Union soviétique ont été déportés à Maly Trostenets, mais dans le camp lui-même il n'y avait jamais plus de 640 Juifs au même moment, la plupart des Juifs de Vienne; parmi les détenus,

---

147 HG ADLER, *Theresienstadt 1941-1945. Das Antlitz einer Zwangsgemeinschaft*, 2e édition révisée, JLB Mohr (Paul Siebeck), Tübingen 1960, p. 837.

il y avait aussi quelques centaines de prisonniers de guerre russes[148]. »

L'affirmation que des Juifs du Luxembourg et des Pays-Bas furent détenus dans le camp de Maly Trostenets va complètement à l'encontre de l'historiographie internationale, qui estime qu'aucun Juif de ces pays ne fut transporté plus loin que la Pologne. Adler soutient par ailleurs que les cinq transports au départ de Theresienstadt en octobre 1942 ont été envoyés à Maly Trostenets au lieu de Treblinka[149]. La source de cette affirmation semble être le témoignage d'un certain Isak Grünberg, qui a été déporté de Vienne à Maly Trostenets le 5 (ou 7) octobre 1942, qui parle de convois d'Auschwitz, et de convois de Theresienstadt à Treblinka. Grünberg estime pour sa part le nombre de victimes à Maly Trostenets à plus de 45 000.

Plus loin dans son livre, Adler conclut que «dans la période du 14 juillet au 29 septembre 1942, il y avait cinq convois «certains», cinq convois «probables» et deux convois « possibles » de Juifs de Theresienstadt vers la Biélorussie et principalement à Maly Trostenets près de Minsk[150] ». Selon le point de vue actuel de l'*Initiative Theresienstädter Institut*, il n'y avait que 6 de ces transports au cours de la période en question (5 à Maly Trostenets, 1 à Baranovitchi); de même sur 6 convois sortant de Theresienstadt à la même période 5 ont été envoyés à Treblinka et 1 à Riga[151].

---

148 HG ADLER, *Der Mensch verwaltete. Studien zur Déportation der Juden aus Deutschland*, JLB Mohr (Paul Siebeck), Tübingen 1974, p. 198.

149*Ibid.*, p. 443.

150 HG Adler, *Theresienstadt 1941-1945* , *Opus cit.*, p. 52.

151 Pour Treblinka: "Bo" sur 19/9, «BP» sur 21/9, «BQ» sur 23/9, "BR" sur 26/9, "B" sur 29/9. Pour Riga:. «BB» sur 20/8 Liste aller TransporteausTheresienstadt ,http://www.terezinstudies.cz/deu/ITI/database/tr_out_to

Les travaux de HG Adler sont assez anciens, ce qui explique certaines confusions certainement liées au manque de sources fiables. En effet, depuis cette époque, l'historiographie internationale a considérablement complété ses sources. Bien entendu, les recherches de HG Adler ne sont pas spécifiques à Maly Trostenets et, de ce fait, ses analyses sur le camp et les assassinats qui y furent perpétrés n'occupent pas une large place dans ses ouvrages. Néanmoins, il fut l'un des premiers historiens à écrire sur les victimes de ce camp.

b) Les recherches de Christian Gerlach

En 1999, l'historien allemand Christian Gerlach a publié sa volumineuse thèse de doctorat relative à la politique du travail forcé et à l'extermination des Juifs par les nazis en Biélorussie occidentale. Cette thèse porte le titre *Kalkulierte Morde* (Meurtres calculés). Le camp de Maly Trostenets est abordé dans un bref sous-chapitre sur les camps de la mort en Biélorussie:

« Le plus connu et le plus important des camps était certainement Maly Trostenets, situé à 12 kilomètres au sud-est de Minsk. Son origine n'a pas été entièrement clarifiée. Selon Paul Kohl [historien et journaliste allemand], le site d'extermination Blagovshchina a été choisi en novembre [1941] par le responsable du KdS Minsk (*Kommandeur der Sicherheitspolize und des SD)*, Erich Ehrlinger[152] (1910-2004), et utilisé à partir de ce

152 Erich Ehrlinger fut arrêté en 1958 puis fut condamné en 1960 par la Cour d'état de Karlsruhe à 12 ans de prison. Le procès fut renvoyé en appel devant une cour de première instance. En raison de graves problèmes de santé de l'accusé les poursuites judiciaires furent abandonnées en 1969, quatre ans après sa sortie de prison. Ehrlinger mourut en 2004.

moment-là. Le fait est que la première exécution clairement démontrable sur ce site n'a pas eu lieu avant le 11 mai 1942. [...]

Néanmoins, il existe une déclaration crédible d'un témoin selon lequel un camp géré par les KdS existait déjà près du village de Maly Trostinets en janvier 1942. [...] En mars ou avril 1942, le KdS a choisi un kolkhoze de 200 hectares pour être utilisé. [...]. Les détenus du camp étaient des partisans juifs et non-juifs. Initialement, la plupart des détenus juifs étaient tchèques ou allemands – entre 20 et 50 Juifs ont été pris à partir de chacun des convois de déportés en 1942 et amenés au camp. Plus tard, il y avait aussi des Juifs biélorusses parmi les détenus. Le nombre de détenus a pu varier entre 100 et 500; après la liquidation du ghetto de Minsk en octobre 1943, ils furent 200. Les chiffres selon lesquels il y avait 5000 détenus dans le camp à ce moment là ne sont pas fiables. Les détenus de Maly Trostenets étaient forcés de travailler à l'intérieur du camp lui-même, soit comme agriculteurs ou comme artisans [...] ; certains détenus étaient envoyés au cours de la journée de Maly Trostenets jusqu'à des ateliers situés à Minsk. Dans le camp lui-même, il existait quelques installations gérées par l'Organisation Todt[153] et

153 L'Organisation Todt (OT) était un groupe de génie civil et militaire de l'Allemagne nationale-socialiste. Elle portait le nom de son fondateur et dirigeant jusqu'à sa mort en 1942, Fritz Todt, ingénieur et figure nazie importante, en tant que mandataire général pour la régulation de l'industrie du bâtiment (*Generalbevollmächtigter für die Regelung der Bauwirtschaft*). L'organisation fut chargée de la réalisation d'un grand nombre de projets de construction, dans les domaines civil et militaire, tant en Allemagne, durant la période qui a précédé la guerre et pendant celle-ci, que dans les pays d'Europe sous domination nazie. Presque toutes les grandes opérations de génie civil durant la Seconde Guerre mondiale furent réalisées par cette organisation, dont des usines d'armement, des bases de sous-marins et des lignes de fortifications. Au cours de la guerre, l'OT ne compta qu'un petit nombre de cadres, conseillers techniques et architectes, mais employa un nombre considérable de travailleurs étrangers

le *Reichsarbeitsdienst*[154]. Dans l'ensemble, toutefois, l'importance économique du camp était marginale.

Le nombre officiel de victimes assassinées à Maly Trostenets et ses environs est de 206 500. Ces chiffres semblent beaucoup trop élevés à la lumière des recherches actuellement disponibles. Une tentative de nouveau calcul donne environ 40 000 à 60 000 victimes ainsi qu'un nombre inconnu supplémentaire de prisonniers qui étaient détenus à la proximité de Minsk et qui avaient été arrêtés au cours de rafles et des opérations anti-partisans. Les chiffres exacts sont impossibles à fournir, étant donné que les charniers ont été exhumés et les cadavres brûlés par les *Sonderkommando* 1005 à partir d'octobre 1943. Les déclarations des personnes impliquées dans cette procédure indiquent néanmoins que, quelque part entre 40 000 et 50 000 morts ont été enterrés dans des fosses communes. Les rapports des autorités d'enquête de 1944 ont donné environ 150 000 ou jusqu'à 150 000 victimes, mais même ce chiffre est bien trop élevé. Au total — une estimation approximative — 60 000 personnes ont été exterminées à Maly Trostenets[155]. »

Dans une note, Christian Gerlach apporte un éclairage sur sa propre estimation du nombre de victimes:

« Le chiffre de 40 000 est constitué comme suit: près de 5000 victimes de chacun des ghettos en juillet 1942 et à l'automne 1943; quelque 20 000 Juifs déportés en 1942 de

---

(1 400 000 en 1944), essentiellement via le travail forcé, dans le cadre du STO.

154 Le *Reichsarbeitsdienst* (abrév. RAD Service du travail du Reich) était une organisation national-socialiste. À partir de juin 1935, tous les jeunes allemands furent obligés d'effectuer un service de travail de six mois qui précédait le service militaire.

155 C. GERLACH, *Kalkulierte Morde* , *Opus cit.,* pp. 768-770.

l'Europe centrale à destination de Maly Trostenets; 3000 soi-disant bandits présumés [*Banditenverdächtigen*], qui ont été gazés pendant dix jours en février 1943 et 6500 victimes des massacres des camps et des prisons au moment de la retraite allemande à la fin de juin 1944[156]. »

Ce chiffre révisé de victimes est d'une importance cruciale pour la compréhension de la fonction du camp. Si elle est correcte, 80% des victimes au cours de la première année d'exploitation (1942) étaient des Juifs d'Autriche, d'Allemagne et du Protectorat. Ceci implique clairement que Maly Trostenets a été mis en place spécialement pour gérer de tels convois. Jusqu'à la publication de *Kalkulierte Morde,* Maly Trostenets avait principalement été considéré comme un centre d'extermination pour les Juifs biélorusses et secondairement comme un site pour l'assassinat des Juifs d'Europe centrale (le livre de Hans Safrian de 1993 étant une exception possible). Christian Gerlach a infirmé cette vision des choses[157].

Quant à la présence des Juifs polonais à Maly Trostenets, Gerlach écrit:

« Il est un fait que beaucoup de Juifs polonais ont été déportés à Maly Trostenets, apparemment sous le commandement de l'organisation Todt. 250 d'entre eux ont ensuite été transférés à la Direction de la construction SS à Smolensk[158]. »

---

156 *Ibid.*, p. 770, n. 1469.

157 *Ibid.*, p. 768, 770 n. 1472.

158 *Ibid.*, p. 763. Comme source pour cette information, Gerlach se réfère à quatre témoins (les Allemands "HW" - qui travaillait au Zentralbauleitung Rußland-Mitte) - et Karl Buchner, les Juifs «ES », probablement identique avec le susmentionné Ernst Schlesinger - Anna Krasnoperko, et un témoin anonyme référencé par H. Safrian. Isak Grünberg a également déclaré que de nombreux Juifs polonais avaient été arrêtés à Maly Trostenets au moment de son

L'historiographie internationale ne parle pas de transports de Juifs polonais à Maly Trostenets, même si la présence de Juifs polonais dans le camp est soutenue par plusieurs témoins.

Dans son livre, Christian Gerlach a révisé le nombre de Juifs encore présents à Minsk au début de la liquidation du ghetto à environ 10 000, tout en mentionnant un témoin (Hersch Smolar) indiquant que près de 12 000 Juifs y vivaient (y compris les personnes cachées)[159]. Basé sur de nombreux témoignages, l'avis de Gerlach énumère les six transports suivants au départ de Minsk: 1) un convoi de 1000 personnes, dont 300 jeunes hommes du ghetto allemand et 480 détenus de Maly Trostenets, départ le 14 ou 15 septembre pour Lublin et le camp de Majdanek – probablement le même transport que celui de Marie Mack; 2) le convoi de 2000 Juifs en partance pour Sobibor le 18 septembre qui comprenait Alexander Petchersky; 3) d'un transport avec un nombre indéterminé de Juifs de sexe masculin qui a atteint Sobibor les 16-19 septembre ; 4) un transport de 450 à 500 juives à destination de Sobibor, dont une partie a été sélectionnée pour Trawniki (le convoi de Zina Czapnik); 5) le transport vu par Franciszek Zabecki qui est arrivé à Treblinka le 17 septembre; 6) un convoi de Juifs allemands et russes à Auschwitz, probablement au début d'octobre 1943. Selon l'estimation de Gerlach, le nombre total de personnes évacuées peut-être de 5500 à 7000[160]. Encore Gerlach ne reconnaît pas deux convois pour lesquels il y a une preuve testimoniale fiable: le premier des convois à Trawniki noté dans le journal de Hélène Chilf, et le troisième convoi pour Sobibor attesté par Lerner et Wajspapir. Selon

arrivée.

159 C. GERLACH, *Kalkulierte Morde* , *Opus cit.*, pp. 740, n. 1275.

160 *Ibid.*, pp. 740-742.

l'historien Wolfgang Curilla, d'autres transports de Minsk à Auschwitz, avec des Juifs biélorusses et allemands, se déroulèrent au début d'octobre 1943[161]. Son chiffre minimum est donc presque certainement trop bas. Dans l'une des notes de bas de page, Christian Gerlach nous apprend que, selon un témoignage laissé par un fonctionnaire allemand du nom de Erich Isselhorst en 1945, le nombre de Juifs déportés de Minsk et Baranovitchi à Lublin entre août et octobre 1943 était de 12 000 à 13 000[162].

En conséquence de sa révision à la hausse du nombre de personnes évacuées, Gerlach soutient que «le nombre de Juifs tués à Minsk ou Maly Trostenets en septembre et octobre 1943 ne peut pas être aussi élevé que précédemment estimé ». Ici, il y a des contradictions dans les déclarations des témoins. Adolf Rübe, par exemple, a déclaré en 1948 que seulement quelque 500 Juifs russes avaient été abattus, en raison de problèmes logistiques. Interrogé de nouveau en 1959, Rübe avait fait monter le nombre de Juifs à 4 000[163]. Gerlach estime que quelque 5 000 Juifs ont été tués à Maly Trostenets dans le cadre de la liquidation du ghetto[164].

Gerlach écrit également dans une note, qu'un coupon de rationnement conservé montre qu' « en octobre, il y avait encore au moins 3111 bénéficiaires de coupons de rationnement de nourriture dans le ghetto russe[165] ». Cela signifie qu'au moins 5500 à 7000 (mais plus probablement

---

161 Wolfgang CURILLA, *Die deutsche Ordnungspolizei und der Holocaust im Baltikum und Weissrussland 1941-1944* , Ferdinand Schöningh, Paderborn 2006, p. 402

162 *Ibid.*, p. 742, n. 1285.

163 *Ibid.*, p. 742, n. 1286.

164 *Ibid.*, p. 770, n. 1469.

165 *Ibid.*, p. 740, n. 1275.

7500 à 9000) Juifs avaient été évacués de Minsk et un nombre inconnu d'autres abattus, et il y avait encore au moins 3111 Juifs dans le ghetto. Combien de Juifs pouvait-il y avoir dans le « *Sonderghetto* » des Juifs étrangers et dans les camps et les prisons du travail de la ville? Les chiffres de Gerlach impliquent qu'il y avait à tout le moins 10 000 à 12 000 Juifs encore présents à Minsk au début de septembre 1943. Il y a une différence avec la déclaration de Kube qui dit que 8600 Juifs étaient à Minsk à la fin de juillet 1942[166].

Considérant que la Commission d'État soviétique a affirmé que 6500 personnes avaient été fusillées ou brûlées vives à Maly Trostenets pendant les derniers jours de juin 1944, le tribunal de Coblence a estimé à environ 500 décès à Maly Trostenets pour cette période[167]. D'autre part, Gerlach écrit qu'une partie des ouvriers juifs qualifiés qui demeuraient encore à Minsk en juin 1944 furent déportés à Auschwitz[168].

Les travaux de Christian Gerlach sont absolument remarquables et, malgré quelques points encore obscurs ou discutables, il apporte de très nombreuses précisions déterminantes. Ainsi, sa révision du nombre de victimes à Maly Trostenets est cruciale et permet d'avancer un chiffre qui correspond bien aux analyses des convois et de la population du ghetto de Minsk.

---

166 Là encore, il faut considérer les deux transports que Christian Gerlach ne prend pas en compte, ainsi que le facteur de la mortalité naturelle.

167 *Justiz und NS-Verbrechen,* vol. XIX, *Opus cit.*, P. 204.

168 C. GERLACH, *Kalkulierte Morde* , *Opus cit.*, p. 743.

c) Les recherches de Miroslav Karny

En 1988, l'historien tchécoslovaque Miroslav Karny a publié un article sur le sort des convois juifs qui partaient de Theresienstadt à l'été et à l'automne de 1942. Sa description de Maly Trostenets[169], y compris les transports envoyés là-bas à partir de Theresienstadt, est conforme au verdict du procès de Coblence contre Georg Heuser et ses compagnons, qui est en fait sa principale source à ce sujet. Dans une note Karny rejette l'hypothèse d'Adler comme non fondé au sujet des cinq convois envoyés de Theresienstadt en octobre 1942, qui auraient été assassinés à Maly Trostenets au lieu de Treblinka[170].

Le travail de Miroslav Karny est rigoureux et apporte un éclairage particulièrement intéressant sur Theresienstadt, mais ne fait qu'effleurer les assassinats à Maly Trostenets (mais il ne s'agissait pas de son objectif initial bien entendu, son texte étant centré sur Theresienstadt).

d) Les recherches de Paul Kohl

En 1990, le journaliste allemand Paul Kohl a publié un livre sur la Shoah en Biélorussie intitulé : *Ich wundere mich, dass ich noch lebe* (je suis étonné d'être encore en vie) qui a été réédité en 1995 sous le nouveau titre : *Der Krieg der deutschen und Wehrmacht der Polizei 1941-1944* (La guerre de l'armée allemande et de la police de 1941 à 1944). Ce livre est en partie un recueil de

169 M. KARNY, *Das Schicksal der Theresienstaedter Osttransporte im Sommer und Herbst 1942*, Judaica Bohemiae vol. XXIV, no. 2, Prague, 1988, p. 85f

170 *Ibid.,* p . 96, note 36.

témoignages, en partie un journal de voyage qui décrit les visites de Paul Kohl dans divers musées et sites de meurtres de masse, parmi lesquels Maly Trostenets:

« Nous retournons à la route Minsk-Mohilev et tournons à gauche après quelques kilomètres, sur une route de campagne. Nous allons vers les pinèdes de Blagovshchina. De l'automne 1941 à l'automne 1943, ce fut un lieu d'exécution. Je veux voir ce qui peut encore être discerné des 34 tombes qui ont été découvertes ici en 1944. Mais nous n'allons pas loin. Aujourd'hui, la région est une zone militaire hors-limites. En face de nous un panneau signale: «Ne passez pas! Tirs à balles réelles! »

Donc, nous allons dans la direction du village de Maly Trostenets, le long de l'ancien site du camp, vers la forêt Shashkovka. À 500 mètres du camp, au bord d'un bosquet, il y a une deuxième pierre commémorative, également entourée par une grille en fer. Sur la gauche de celle-ci, dans les bois, se dressait autrefois le four Shashkovka, dans lequel de l'automne 1943 à la fin de juin 1944, les corps des fusillés ou des hommes tués dans des camions à gaz ont été incinérés. Les contours de la fosse gigantesque du four ne peuvent être devinés sous les broussailles[171]. »

Cette description soulève deux questions importantes: Pourquoi la zone avec les prétendus 34 fosses communes à Blagovshchina a été transformée en une zone interdite par les autorités soviétiques ? Et, qu'est-il arrivé à « l'incinérateur » que les enquêteurs de la Commission d'État soviétique ont découvert à Shashkovka[172]?

171 Paul KOHL, *Der Krieg der deutschen und der Wehrmacht Polizei 1941-1944* , Fischer, Frankfurt am Main, 1995, p. 107.
172 Apparemment plus ou moins intact au moment de la découverte.

Vient ensuite une brève histoire du camp de Maly Trostenets:

« A partir de mai 1942, les exécutions ont eu lieu dans la forêt Blagovshchina. A chaque fois, 20 tireurs ont été placés le long de chaque fosse. On a toujours utilisé des pistolets et tué par balles dans le cou. S'il y avait des raisons de croire que l'une des victimes était encore en vie, un simple feu d'une mitrailleuse dans les fosses suffisait pour obtenir le calme et la tranquillité.

A l'été 1942, une station de chemin de fer a été construite à proximité du point du camp le plus proche de la route. Les trains avec les Juifs du *Reich* étaient immédiatement redirigés de la gare de marchandises de Minsk vers Maly Trostenets. Deux fois par semaine des trains arrivaient à partir du *Reich*, de la Pologne, de la Tchécoslovaquie, de l'Autriche, de la France. Ils arrivaient le mardi et le vendredi et — afin d'éviter l'agitation — toujours tôt le matin, à quatre heures ou cinq heures. Un train arriva aussi du camp de concentration de Dachau en juin 1942.

Un point de collecte était organisé à l'arrivée et l'accueil était chaleureux. Après, on leur parlait de «réinstallation», pour éviter la panique. Le travail devait être effectué de manière ordonnée et sans agitation afin d'assurer l'efficacité du processus. Les déportés se voyaient confisquer leur carte d'identité, documents, or et bijoux, ainsi que les 50 kilos de bagages que chacun avait été autorisé à prendre avec lui dans le cadre de la "réinstallation": malles, sacs, couvertures, ustensiles de cuisine , manteaux, jouets pour les enfants. On portait tout cela loin d'eux sous prétexte qu'ils recevraient de nouveaux documents et que, pour des raisons de confort, les bagages seraient apportés plus tard. On remettait même des reçus, de telle sorte que beaucoup d'entre eux croyaient vraiment à l'histoire de la réinstallation jusqu'au dernier moment. Ensuite, une sélection des déportés avait lieu entre ceux en forme et ceux dans l'incapacité de travailler. Le premier groupe était ensuite divisé entre les différentes professions: électriciens, ouvriers métallurgistes, menuisiers, tailleurs... Pour ceux dans l'incapacité de travailler, des camions à gaz étaient prêts à proximité[173] [...] ».

En ce qui concerne le nombre total de victimes, Paul Kohl cite le même chiffre que la Commission soviétique d'État :206 500[174].

Le fait développé par Kohl que des Juifs furent déportés en train à Maly Trostenets en provenance non pas seulement de l'Allemagne, de l'Autriche et du Protectorat, mais aussi de la Pologne et de la France va complètement à l'encontre de la version habituelle des événements, et l'affirmation selon laquelle les convois arrivaient deux fois par semaine, les mardis et vendredis, ne correspond pas non plus avec de nombreux travaux historiques.

L'historien de la Shoah, Christian Gerlach, a apporté le commentaire suivant sur les travaux de Kohl:

« Paul Kohl est certainement l'un des meilleurs experts en matière de camps dans et autour de Minsk [...]. Ses déclarations sont, cependant, [...] souvent insuffisamment documentées et vérifiables[175]. »

---

173 Paul KOHL, *Der Krieg der deutschen und der Wehrmacht Polizei 1941-1944* , *Opus cit.*, p. 109.
174*Ibid.,* p.105.
175 C. GERLACH, *Kalkulierte Morde* , *Opus cit.*, p. 768 n. 1457.

Ce fut seulement en 2003 qu'un livre consacré exclusivement à Maly Trostenets, écrit par Paul Kohl, fut publié dans une langue occidentale. Ce petit livre intitulé *Das Vernichtungslager Trostenez. Augenzeugenberichte und Dokumente* (Le camp d'extermination de Trostenets: Rapports, témoignages et documents) se compose de trois sections principales: une histoire de 15 pages du camp, une série de déclarations de témoins et des documents relatifs aux divers aspects du camp[176] (« Le transport », « L'arrivée », « Le camp », « Blagovshchina », « Les camions à gaz», «L'exhumation », « Shaskovka »), et un bref chapitre des destins d'après-guerre des témoins.

La valeur principale de ce livre réside dans les témoignages et les documents qu'il reproduit. Il est intéressant, cependant, de noter que Paul Kohl ne reprend pas sa propre déclaration précédente sur les Juifs de Pologne et de France qui auraient été déportés à Maly Trostenets. Il ne se réfère pas au témoin Ernst Schlesinger, et il ne mentionne pas Isak Grünberg. Néanmoins, un nouvel élément important est mis en lumière par Kohl dans ce livre:

« Le nombre de travailleurs forcés a augmenté, le camp a été agrandi, de nouvelles clôtures de barbelés et de nouvelles tours de garde devaient être érigées. En outre, les convois journaliers de camions et de trains amenaient plus de gens pour être fusillés que les tireurs pouvaient liquider dans une «journée de travail». Pour cette raison, les gens devaient attendre deux ou trois jours leur mort dans des bunkers et des casernes, qui étaient également entourés de barbelés et de tours de garde. Ainsi, ont été mis en place deux camps distincts: un pour les travailleurs

176 Certains d'entre eux ont peu ou pas de rapport avec Trostenets en soi.

du camp, l'autre pour ceux qui attendaient d'être abattus[177]. »

Le livre de Kohl sur Maly Trostenets manque cependant de notes, et ne dispose que d'une bibliographie. De ce fait, il est donc impossible de déterminer la source de cette déclaration.

Selon Paul Kohl, les fusillades à Blagovshchina pouvaient être réalisées par « jusqu'à 20 tireurs », qui travaillaient sur un horaire rotatif (quelque 80 100 policiers et SS auraient été présents sur le site d'exécution durant la totalité de la période des exécutions). Les convois juifs arrivaient entre 4 heures et 7 heures du matin. Les exécutions duraient du matin jusqu'à la fin d'après-midi[178]. De plus, des «camions à gaz» étaient utilisés avec une capacité maximum de 60 ou 80 victimes, selon le type[179]. Ensuite, Kohl confirme que les convois d'Autriche, d'Allemagne et du Protectorat arrivaient avec une fréquence d'un par semaine, avec chacun au plus environ 1000 déportés, dont 20 à 80 étaient sélectionnés pour travailler dans le camp et dont un plus petit nombre avait péri pendant le transport[180]. Il restait donc 950 déportés destinés à être fusillés. Chaque tireur — et pour les besoins du raisonnement, l'auteur dit qu'il n'y avait que 15 d'entre eux — a donc dû tuer au plus (950 divisé par 15) 63 Juifs. Compte tenu de la forme hautement organisée présumé de l'ensemble de l'opération — selon le verdict du procès de Coblence les tirs ont été effectués selon un «plan cadre» détaillé mis au point par un certain SS-*Obersturmführer* Lütkenhus du KdS Minsk — l'utilisation facultative présumée de plusieurs «camions à gaz» (Kohl

177 P. KOHL, *Das Vernichtungslager Trostenez , Opus cit.*, p. 11.
178 *Ibid.*, p. 13.
179 *Ibid.*, p.14.
180 *Ibid.*, p.9-12.

estime qu'un camion pouvait tuer 300 personnes en un jour et affirme qu'au total, 3 «camions à gaz» étaient employés à Maly Trostenets[181]), il semblerait que l'extermination des convois de l'ouest pourrait bien avoir été réalisée en quelques heures, et plus certainement dans la journée.

Paul Kohl ne mentionne que trois cas de grands groupes tués à Maly Trostenets: 1) une partie d'un groupe de 7 000 à 10 000 Juifs du ghetto de Minsk qui aurait été tuée à Blagovshchina en novembre 1941, soit avant la mise en place du camp[182] ; 2) environ 10 000 Juifs biélorusses et allemands du ghetto de Minsk assassinés à Blagovshchina au cours de la période de trois jours du 28 au 30 Juillet 1942[183] ; 3) 6500 personnes fusillées ou brûlées vives dans le camp lui-même au cours de ses derniers jours d'existence (28 au 30 Juin 1944)[184]. Les premier et troisième cas mentionnés par Kohl n'ont clairement aucune pertinence pour la construction d'un «camp d'attente» séparé (en raison des dates). Avec les massacres de Juifs du ghetto de Minsk en juillet 1942 et à l'automne 1943, il y aurait eu deux cas où les Juifs amenés à Maly Trostenets ne pouvaient pas être tous assassinés en une journée — mais ces cas isolés pouvaient-ils justifier la construction de casernes, des bunkers et des tours de garde? En outre, si l'on en croit le rapport *Gruppe* Arlt du 3 août 1942, 6000 Juifs du « ghetto russe » de Minsk ont tous été tués en une seule journée — le 28 juillet 1942. En d'autres termes: la construction d'un camp séparé où les déportés devaient attendre « deux ou trois jours leur mort » paraît peu probable.

181 *Ibid.*, p.15.
182 *Ibid.*, p. 9.
183 *Ibid.*, p.12.
184 *Ibid.*, p.19.

En ce qui concerne le nombre total de victimes, Kohl avance le chiffre des 206 500, mais d'une manière plutôt hésitante:

« Selon les enquêtes de la commission 150 000 personnes ont été assassinées dans la forêt de Blagovshchina, 50 000 dans la fosse de Shashkovka et 6500 personnes dans les granges du camp. Le nombre total de personnes tuées dans le camp d'extermination de Maly Trostenets s'élève selon les déclarations de la Commission de juillet-août 1944 à 206 500. Malgré ces déclarations, il n'existe pas de preuve certaine en ce qui concerne le nombre de personnes effectivement assassinées. Le nombre total précité peut être mis en doute. Tout comme tous les autres chiffres. Toutefois, aussi longtemps qu'il n'y a pas d'autres preuves disponibles [pointant vers un autre chiffre] il faut accepter le chiffre rapporté par la Commission[185]. »

Que Christian Gerlach quatre ans plus tôt ait rejeté le chiffre de l'enquête comme «trop élevé» ne dérange pas le moins du monde Paul Kohl — bien qu'il semblerait que Kohl n'ait pas connaissance du livre de Gerlach; du moins, il ne le mentionne pas parmi ses sources. En tout cas, il n'est guère besoin de souligner que le raisonnement de Kohl semble erroné: face à l'affirmation selon laquelle un nombre X de personnes ont été assassinées, la réponse logique serait de demander des preuves tangibles soutenant que ce nombre de personnes a en effet été tué. On ne doit pas accepter aveuglément une allégation non étayée juste parce que aucune preuve la contredisant n'était disponible.

185 *Ibid.*, p.20-21.

Cependant, il n'y a pas de discussion en ce qui concerne l'authenticité des documents présentés, ni en ce qui concerne la fiabilité des témoins oculaires dont voici quelques extraits :

Adolf Rübe, membre d'un *Sonderkommando* 1005, affirme qu'à la mi-novembre 1943, un groupe d'environ 30 Juifs fut amené de Minsk sur le site Blagovshchina, où l'exhumation des corps enterrés se passait. 20 de ces Juifs ont été fusillés au bord d'une tombe ouverte. Le reste « huit à dix » Juifs durent se déshabiller, après quoi ils furent attachés par les mains et les pieds et brûlés vifs sur un bûcher de crémation. Comme si cela ne suffisait pas, le SS *Obersturmführer* Georg Heuser attacha également une juive à un pieu élevé au milieu d'un tas de bûches. La Juive réussit à se détacher et tenta de s'enfuir, mais elle fut immédiatement rattrapée. Un membre du *Sonderkommando* 1005 monta alors sur le haut de la pile et attacha de nouveau la Juive au pieu[186].

Paul Kohl, résumant la déclaration d'un témoin anonyme, nous dévoile aussi que le personnel du camp organisait des matches de football entre les détenus et les Juifs du «camp d'attente». L'équipe perdante était immédiatement envoyée à Blagovshchina et fusillée. L'équipe gagnante était récompensée avec un sursis d'un ou deux jours[187]. Malheureusement, ce témoignage là est anonyme et de ce fait n'est pas vérifiable. Néanmoins, des faits plus ou moins similaires, se produisirent dans d'autres camps nazis.

Au total, les recherches menées par Paul Kohl sont fort intéressantes à plusieurs titres, mais elles manquent souvent de rigueur et ne sont pas toujours vérifiables.

186 *Ibid.*, p.78.
187 *Ibid.*, p.11.

D'autre part, il ne fait pas preuve d'esprit d'initiative afin de mieux cerner le nombre réel de victimes et dédaigne les remarquables travaux de Christian Gerlach. Les témoignages qu'il présente apportent cependant un éclairage précis sur les atrocités qui se déroulèrent, au-delà des fusillades, dans l'enceinte du camp.

e) Les recherches de Hans Safrian

Dans son livre *Die Eichmann-Männer* publié en 1993, l'historien autrichien de la Shoah Hans Safrian mentionne l'hypothèse des cinq convois d'octobre de Theresienstadt comme plausible, tout en référençant les déclarations de Grünberg[188]. Hans Safrian estime qu'au moins 30 000 Juifs occidentaux et une vague dizaine de milliers de Juifs biélorusses ont été assassinés à Maly Trostenets. D'après Safrian, tous les convois envoyés dans la région de Minsk de l'Europe centrale en 1942, 21 convois avec plus de 25 000 hommes, femmes et enfants de Theresienstadt, Vienne et Cologne, ont été assassinés à Maly Trostenets[189].

Le livre d'Hans Safrian est bien construit, mais les passages qui concernent Maly Trostenets ne sont pas développés. Au niveau des chiffres, Safrian reprend les conclusions des travaux récents.

f) Les recherches de Marat Botvinnik

En 2000, l'historien biélorusse Marat Botvinnik a publié un petit livre sur la Shoah en Biélorussie et un

188 Hans SAFRIAN, *Die Männer-Eichmann*, Europaverlag, Vienne / Zurich 1993, pp. 186-187.
189*Ibid.*, p.189.

chapitre concerne directement le camp de Maly Trostenets :

« Près du village de Trostenets, situé à 11 km de Minsk le long de la route de Minsk-Mohilev, les nazis ont créé ce qu'on appelle le camp de travail Blagovshchina. Sous cette fausse apparence était caché un camp de la mort [...]. Dans ce camp, les nazis ont systématiquement abattu entre 1941 et 1944 des centaines de milliers de personnes, dont beaucoup étaient des Juifs de Minsk et d'autres endroits en Biélorussie. D'autres étaient des prisonniers politiques détenus par les Allemands, ou les Juifs des villes d'Autriche, d'Allemagne, de Pologne et de Tchécoslovaquie. La plupart des victimes étaient des femmes, des enfants et des personnes âgées. Certains d'entre eux ont été amenés dans des camions qui ont été familièrement connus comme «corbeaux noirs» ou des «camions à gaz». Les victimes ont été asphyxiées par les gaz d'échappement, et leurs cadavres déchargés à l'intérieur d'une fosse pré-creusée dans la forêt Blagovshchina. De nombreux trains sont arrivés des villes de Biélorussie et des pays d'Europe occidentale. [...]. Avec courtoisie, les condamnés étaient invités à remettre leurs objets de valeur et biens, en échange de reçus. Les bourreaux créaient ainsi l'apparence qu'elles seraient transportées pour travailler à un autre endroit. Ensuite, les déportés étaient chargés sur de gros camions avec remorques qui se trouvaient à proximité[190]. »

L'affirmation selon laquelle les Juifs d'autres villes biélorusses que Minsk ont été envoyés par le train à Maly Trostenets semble être unique à cet auteur. Le plus intéressant dans le texte de Botvinnik à propos de Maly Trostenets concerne la méthodologie des enquêteurs

190 Marat BOTVINNIK, *Belarusi de Pamjatniki genocida*, Belaruskaja Navuka, Minsk, 2000, p.21.

soviétiques. Après avoir rappelé que les deux chiffres de 546 000 et 206 500 avaient été officiellement déclarés, l'auteur explique:

« La différence entre le nombre des victimes mentionnées dans les documents peut être expliquée par le fait que les chercheurs ont utilisé différentes méthodes pour compter les cadavres dans les fosses : certains ont estimé que chaque mètre cube de tombe contenait 20 cadavres, certains ont insisté sur une densité de 7 cadavres, d'autres encore sur 5, donnant ainsi naissance à différents nombres de victimes. Même d'anciens détenus qui ont survécu miraculeusement au camp ne peuvent pas donner des informations précises sur le nombre de personnes assassinées par les nazis[191]. »

En d'autres termes, les enquêteurs ont déterminé leurs chiffres de victimes sur la base des estimations apparemment totalement arbitraires de la densité de cadavres dans les 34 charniers, dont ils avaient seulement « partiellement ouverts » cinq d'entre eux.

Les recherches de Marat Botvinnik sont instructives à plus d'un titre, notamment lorsqu'il revient sur les différentes façons de comptabiliser les victimes apportant ainsi des éléments de réponse pour les différents chiffres annoncés. Pour le reste, son texte est de facture classique, mais couvre parfaitement l'ensemble de la Shoah en Biélorussie.

---

191 *Ibid.* p. 23.

g) les recherches de Yitzhak Arad

En 2009, l'historien israélien de la Shoah Yitzhak Arad a publié une histoire complète sur l'extermination des Juifs dans les territoires de l'Est occupés par l'Allemagne. Dans ce livre de 700 pages, l'histoire de Maly Trostenets occupe deux pages, dont la plus grande partie consiste en des citations de témoignages déjà disponibles dans le livre publié par Paul Kohl. Yitzhak Arad affirme que 17 convois ont pris la direction de Maly Trostenets pour au total, quelque 16 000 Juifs autrichiens, allemands et tchèques assassinés dans le camp, tout en adoptant le montant total de Christian Gerlach de 40 000 victimes. D'autre part, Arad donne le nombre de victimes de la liquidation du ghetto de Minsk le 21 octobre 1943, 2000 à 3000 au plus, par rapport à 5000 victimes estimées par Gerlach. Ce livre est touffu et remarquablement bien documenté.

h) Les recherches de Florent Brayard

Chercheur au CNRS et spécialiste du nazisme et de la Shoah, l'historien français Florent Brayard a publié en 2004 un ouvrage remarquable intitulé « *La Solution finale de la question juive* », brillamment complété en 2012 par un autre ouvrage intitulé « *Auschwitz, enquête sur un complot nazi* ». Si ces deux ouvrages ne traitent pas du camp de Maly Trostenets à proprement parler, ils abordent en revanche largement les déportations de Juifs à Minsk et les nombreuses exécutions qui se déroulèrent dans la ville et à sa périphérie. Florent Brayard cite Wilhelm Kube, commissaire général de Ruthénie au sujet des Juifs déportés à Minsk en novembre-décembre 1941, et les propos de Kube laissent parfaitement entrevoir les conditions de vie effroyables qui existaient dans le ghetto de Minsk :

« Les Juifs [déportés] eux-mêmes mourront sans doute dans les semaines à venir de froid et de faim. Ils constituent pour nous un danger d'épidémie considérable, parce qu'ils sont évidemment tout aussi exposés que nous autres, Allemands du *Reich*, à la contamination par l'une des vingt-deux épidémies sévissant en Biélorussie. Pour eux, il n'y a pas de vaccins disponibles[192]. »

Comme toujours, Florent Brayard présente un travail de grande qualité richement documenté. Il décrit le nombre de Juifs présents à Minsk en s'appuyant également sur les travaux de Christian Gerlach : « A Minsk même, à la fin de l'année 1942, en plus de 2600 Juifs allemands déportés, 9472 Juifs autochtones étaient comptabilisés (dont 7345 adultes et 2127 mineurs) ; le nombre de personnes jugées « aptes au travail » sur ce contingent s'élevait à 7891[193]. [...] Dans le courant du mois de septembre [1943] et jusqu'à sa fermeture définitive entre le 21 et le 23 octobre [1943], le ghetto de Minsk, qui comptait environ une dizaine de milliers de personnes, fut progressivement liquidé[194]. » Pour Florent Brayard, environ la moitié des Juifs de Minsk furent à ce moment là déportés vers Sobibor, Majdanek et Auschwitz où ils furent pour la plupart assassinés, et l'autre moitié fut tuée sur place ou dans le camp de Maly Trostenets, ce qui est confirmé par les travaux de Gerlach[195]. Pour Florent Brayard, il ne fait aucun doute que Maly Trostenets servait pleinement de

192 Lettre de Wilhelm Kube à son supérieur Hinrich Lohse en date du 13 décembre 1941. Documentation du procès de Nuremberg, PS 3665 citée par Florent BRAYARD, *Auschwitz, enquête sur un complot nazi , Opus cit.*, p.196.

193 Florent BRAYARD, *La Solution finale de la question juive : la technique, le temps et les catégories de la décision*, *Opus cit.*, p.61.

194 *Ibid.*

195 *Ibid.*

lieu d'exécutions de masse. Les travaux de l'historien français sont également très intéressant au niveau de son enquête sur les convois en provenance d'Allemagne, d'Autriche et du Protectorat à destination de Minsk. Ainsi, Florent Brayard présente le système de cotation des convois : « La côte Da 219 correspondait à un convoi parti de Cologne pour Minsk le 20 juillet, les cotes Da 223, Da 225 et Da 227 à des convois au départ de Vienne et à destination de Minsk partis respectivement les 17 et 31 août et le 14 septembre. [...] Toutes les cotes qui précédaient, de Da 201 à Da 218, avaient été attribuées, en une seule fois, au début du mois de mai pour des convois partant, au rythme d'un par semaine, de Vienne pour Minsk. A l'évidence, les cotes Da 201 et suivantes avaient été réservées aux convois à destination de Minsk, quelle que soit la ville d'origine[196]. » En s'appuyant sur d'autres exemples concrets, Brayard démontre que l'ensemble des convois de déportation de Juifs mis en place par les nazis était géré par un « système unique, simple et efficace.[197] »

Selon Florent Brayard, les premiers assassinats se déroulèrent à Minsk entre le 7 et le 11 novembre 1941 où 6624 Juifs qui ne possédaient pas de carte de travail furent exécutés[198]. Un autre massacre se déroula le 20 novembre et fit environ 5000 victimes[199]. Brayard précise également qu'un programme spécifique de déportation des Juifs de Vienne pour Minsk fut entrepris au début mai 1942, à raison d'un convoi par semaine, soit 18 000 Juifs jusqu'au début septembre 1942[200]. L'historien français ajoute, en accord avec les travaux de Christian Gerlach, que le premier convoi de Juifs de Vienne fut le convoi Da 201 et

196 *Ibid.*, p.73.
197 *Ibid.*
198 *Ibid.*, p.356.
199 *Ibid.*
200 *Ibid.*, p.417.

que « la plus grande partie des déportés furent exécutés à l'arrivée, comme le seraient, par fusillade ou dans des camions à gaz, les membres des convois hebdomadaires suivants, jusqu'à la mi-juin[201]. » Plus loin, Florent Brayard revient sur le nombre de Juifs allemands déportés à Minsk en novembre 1941. Il estime, sur la base de plusieurs documents, dont la lettre échangée entre Rudolf Lange et Hinrich Lohse, à 18 000 personnes[202].

Il est à noter que le convoi Da 201, auquel fait référence Florent Brayard, a eu une histoire particulière puisqu'il fut le convoi de déportés juifs de Vienne qui mit le plus de temps pour gagner Minsk[203]. En effet, ce convoi qui traversa Olmütz (Olomouc, centre de la Moravie), Neisse (Nysa en Silésie), Varsovie, Siedlce (est de la Pologne), chargea 1000 Juifs à son bord le 6 mai 1942 de midi à 16h et s'élança à 19h. Ensuite, le convoi arriva à Wolkowysk (Wawkavysk en Biélorussie) le 8 mai 1942 à 23h où un transbordement se déroula. Le train fut immobilisé pendant 42 heures à Koydanov (Biélorussie), sans chauffage bien entendu, suite à une décision de la Gestapo. Le convoi entra finalement à Minsk le 11 mai 1942 vers 10h30.

Le travail monumental de Florent Brayard permet d'appréhender la Shoah dans son ensemble et met en évidence tous les rouages du processus ainsi que les catégories de décisions. La qualité des analyses, la richesse des sources documentaires en font un ouvrage de tout premier ordre, au même titre que les travaux de Raul Hilberg. Cet ouvrage est très précieux pour connaître et

---

201 *Ibid.*, p.434.

202 *Ibid.*

203 Raul HILBERG, *La destruction des Juifs d'Europe*, tome II, *Opus cit.*, p.845-846.

comprendre dans le détail les déportations de Juifs à Minsk.

VI

CONCLUSION

La désignation historiographique du camp de Maly Trostenets nécessite certaines explications. Alors que de nombreux historiens de la Shoah appellent simplement Maly Trostenets un «site d'extermination» ou un «lieu d'exécution», de nombreux livres font également référence à lui comme un «camp d'extermination» ou un «camp de la mort ». Il s'agit là d'une tendance croissante. Déjà, dans un article de journal de juillet 1944[204], Maly Trostenets avait été décrit comme « un camp de la mort pour les Tchèques, les Allemands et les Juifs autrichiens ». En 1999, l'historien allemand de la Shoah Christian Gerlach a également qualifié le camp de Maly Trostenets de «camp de la mort»[205]. La seule monographie sur Maly Trostenets parue à ce jour en Europe occidentale, écrite par le journaliste Paul Kohl et publié en 2003, porte le titre *Das Vernichtungslager Trostenez* (Le camp d'extermination de Trostenets). Le site spécialisé ARC écrit que «trop peu de recherches ont été menées sur le camp de Maly Trostenets, mais le nombre de victimes peut être comparable au nombre de victimes de Majdanek ou Sobibor[206] », mais cette affirmation est inexacte. En 2005, un article paru en Russie portait le titre « Trostenets : L'Auschwitz biélorusse[207] ».

La classification du camp comme un camp de la mort semble en effet logique. Le camp était assez semblable à Chelmno dans sa structure et dans son fonctionnement, mis à part que la plupart des victimes furent tuées par balles plutôt que assassinées dans des «camions à

204 *Aufbau*, 21 juillet 1944, *Opus cit.*

205 Christian GERLACH, *Kalkulierte Morde. Die deutsche und Wirtschafts- Vernichtungspolitik dans Weißrussland* , *Opus cit.*, p. 768.

206 Maly Trostenets, http://www.deathcamps.org/occupation/maly%20Trostenets.html

207Petr KRYSMSKY, "Trostenec - Belorusskiy 'Osvencim», Rossiiskie vesti , n ° 16, 11 au 18 mai 2005.

gaz». Mais, dans les deux camps, les victimes furent immédiatement « trompées » à leur arrivée où les nazis leur faisaient croire qu'elles seraient transférées ailleurs, et elles ont ensuite été assassinées rapidement et enterrées dans une forêt voisine. A Chelmno, les quelques centaines de détenus du camp ont été sélectionnés parmi les convois de Juifs arrivant et ont travaillé au tri des objets confisqués des Juifs assassinés, ainsi qu'à l'enterrement et la crémation des victimes. A Maly Trostenets, environ les deux tiers de la population du camp ont été sélectionnés parmi les convois juifs arrivant; les autres étaient des prisonniers de guerre soviétiques. Le travail dans le camp consistait à trier les biens des Juifs assassinés, ainsi qu'à participer au travail agricole et à un certain nombre d'autres tâches de travail. L'enfouissement et l'incinération ultérieure des victimes ont été effectués non pas par les Juifs, mais par des prisonniers de guerre soviétiques. Comme on peut le constater, il y a plus de similitudes que de différences entre l'histoire des deux camps.

Le fait que certains historiens de la Shoah hésitent à appeler Maly Trostenets un « camp de la mort » peut être en partie due à une révision à la baisse du chiffre supposé des victimes depuis la publication de divers travaux récents que nous avons étudiés précédemment, mais aussi par le fait qu'il n'y avait à Maly Trostenets aucune structure globale de commandement, contrairement à ce qui existait dans les camps *Aktion* Reinhard, et donc un modèle moins organisé de crimes. Pourtant, quel que soit le point de vue historiographique, Maly Trostenets, avec sa gare provisoire, et ses casernes, se distingue comme étant quelque chose de plus complexe que certains autres sites de mise à mort massive, comme par exemple Babi Yar qui n'était lui qu'un charnier.

Les estimations du nombre total de victimes du camp de Maly Trostenets varient considérablement, de 40 000 à 546 000 (ce dernier chiffre englobe toute la région de Minsk). Le véritable chiffre se situe entre 40 000 et 60 000 victimes très probablement à Maly Trostenets. Entre la fin octobre et la mi-décembre 1943, toutes les victimes enterrées ont été exhumées et incinérées sur des bûchers en plein air par des membres des *Sonderkommandos* 1005, afin d'effacer les traces des meurtres dans le cadre de l'*Aktion 1005*[208].

Ainsi, le nombre réel des victimes des crimes qui furent perpétrés à Maly Trostenets, ainsi que les modalités exactes de ces crimes, demeurent pour une certaine part encore obscures 70 ans après la fin de la Seconde Guerre mondiale. Pourquoi ? Pourquoi, les historiens, les commissions d'enquêtes, ne partagent pas tous le même avis sur la destination du camp de Maly Trostenets et sur le nombre des victimes ? Essayons de faire une synthèse des avis en présence. Même si les sources disponibles ne sont pas nombreuses et/ou pas toujours complètes, il n'y a pas beaucoup de raisons d'être sceptique face aux conclusions de l'historiographie internationale qui voit en Maly Trostenets un «camp de la mort » équivalent à ceux connus. Bien entendu, Maly Trostenets demeure très en retrait en nombre de morts par rapport aux chiffres considérables d'Auschwitz-Birkenau, de Treblinka et de Belzec et même, à un degré moindre, de ceux de Chelmno, mais néanmoins, ils sont élevés et surtout la philosophie est la même : l'assassinat en nombre. En effet, même si les historiens se basent le plus souvent ici sur des témoignages d'après-guerre qui prêtent parfois à controverse, et sur des interprétations qui peuvent être quelquefois discutées, la conclusion de leurs travaux ne

208 Shmuel SPECTOR, *Aktion 1005. Effacing the Murder of Millions in Holocaust and Genocide Studies*, vol 5, n°2, 1990.

peut être remise en cause en aucune façon. Mais, il est vrai que certaines sources qui plaident en faveur de cet avis sont également discutables. J'évoque ici les douteux rapports d'activités Arlt, fournis par la Tchécoslovaquie communiste dans les années 1960, et les conclusions de l'enquête de 1944 d'une Commission d'État extraordinaire soviétique dirigée par Nikolai Burdenko. Alors, sur quoi se baser pour se faire une opinion ? En effet, il ne reste aucuns documents officiels indiscutables disponibles : aucune archive, aucune liste de détenus, aucune liste des prisonniers retenus pour le travail forcé, aucune photographie de Maly Trostenets pendant la guerre[209]. Mais nous avons aussi à notre disposition les listes indiscutables des convois arrivés à Minsk. D'autre part, pourquoi le site de Blagovschina a-t-il été placé en zone interdite jusqu'à la fin des années 80 ? Il serait également instructif de savoir combien d'autres anciens kolkhozes et sovkhozes[210] gérés par les Allemands existèrent dans le voisinage de Maly Trostenets? Et employaient-ils les Juifs pour le travail forcé ? Et si la réponse est affirmative, existe-t-il des archives et des listes de prisonniers ? Il faudrait que les autorités russes ouvrent toutes les archives qu'elles possèdent afin que les historiens puissent travailler. Il faudrait également qu'une commission scientifique internationale indépendante puisse ouvrir une enquête archéologique sur les sites de Blagovshchina et de Shashkovka afin de déterminer avec la plus grande précision possible le nombre de victimes du camp de Maly

---

209 Les photos satellites d'aujourd'hui du site Blagovshchina révèlent seulement un espace ouvert couvert de gravier ou de sable et un certain nombre de petits chemins. Aucun contour de fosses communes.Cf.http://www.nationsonline.org/oneworld/map/google_map_Minsk.htm

210 Les sovkhozes étaient les fermes possédées par l'État qui payait les salaires des travailleurs de l'URSS, entre 1918 et 1991. Généralement, il s'agissait d'exploitations de grande superficie (plusieurs hectares).

Trostenets et déterminer s'il rentre ou non dans la catégorie des terribles camps de la mort, ou s'il entre dans une catégorie « intermédiaire », avis partagé par certains. Tant que tous ces éléments — ouverture des archives russes, réponses aux questions sur la destination du site après la guerre, création d'une enquête scientifique internationale — ne sont pas réunis, il demeurera difficile de trancher le débat avec certitude sur l'histoire du camp de Maly Trostenets, même si de nombreux éléments sont quand même aujourd'hui connus et avérés.

Il existe une combinaison de raisons pour lesquelles Maly Trostenets a été relativement peu étudié en comparaison à d'autres camps de la mort. En premier lieu, en raison de l'efficacité des exécutions. En effet, seulement très peu de détenus ont survécu au camp. « Voilà pourquoi il n'y a que quatre rapports de survivants », écrit l'historienne Petra Rentrop, qui a écrit sa thèse sur ce sujet.

Maly Trostenets est conceptuellement difficile à saisir. Il était un site d'extermination de masse combiné avec un petit camp de travail, ce qui n'est pas typique du système nazi, bien qu'à Auschwitz ce fut aussi le cas avec les 3 camps, mais l'histoire et la chronologie d'Auschwitz est bien différente.

Selon Petra Rentrop, seulement douze personnes des convois en provenance de Vienne ont survécu. Si l'on ajoute aux Juifs viennois ceux qui furent expulsés de Theresienstadt à Maly Trostenets, il y a 17 personnes. Maly Trostenets a historiquement marqué la transition vers les camps d'extermination souligne également Petra Rentrop.

Il est en effet certain que des milliers de femmes et d'hommes ont connu l'enfer et la mort à Maly Trostenets parce qu'ils étaient Juifs. Ils n'étaient pas conduits là-bas pour le travail, ni pour y être « déplacés », mais bien uniquement pour y être assassinés. C'est plus que suffisant pour classer ce camp dans le cercle fermé des camps de la mort. Mais, maintenant, 70 ans après la guerre, il faut aller plus loin et connaître toute la vérité dans le détail. Nous le devons à toutes les victimes de Maly Trostenets.

De nos jours, il ne reste rien d'autre du camp qu' une rangée de peupliers plantés par les détenus dans le cadre de la frontière du camp. Malgré le chiffre très important de victimes attribué par les Soviétiques au camp de Maly Trostenets, il fallut attendre 1963 avant qu' un mémorial fut mis en place (remis en état en 1994) — pas sur l'ancien site du camp, mais à proximité du village de Bolchoï Trostenets[211]. Ensuite, un second mémorial fut érigé. La plaque commémorative du premier mémorial fait mention des civils biélorusses et des partisans, des prisonniers de guerre soviétiques torturés, abattus, brûlés par les nazis, mais il n'est fait aucune mention particulière du sort des Juifs. La plaque indique le chiffre subjectif de 201 500 morts.

Le dimanche de Pentecôte du 8 juin 2014, dans la forêt de Blagovshchina, toute proche de l'ancien camp de Maly Trostenets, des survivants du ghetto de Minsk, des témoins, des historiens et des acteurs de la culture de la mémoire de la Biélorussie et de l'Allemagne, des milliers de familles de victimes ainsi que le président biélorusse Alexandre Loukachenko[212] et le président du Congrès juif

211 P. Rentrop, *Maly Trostinez, Opus cit.*, p. 583.

212 Élu le 20 juillet 1994 et réélu en 2001, 2006 et 2010, sa présidence est controversée en raison du manque de liberté politique. Ses détracteurs le qualifient d'autoritaire et dictatorial alors que ses

mondial Roland Lauder[213], se sont réunis pour rendre hommage aux victimes du ghetto de Minsk et du camp de Maly Trostenets. Les représentants de huit villes allemandes et de Vienne et Theresienstadt ont remis des listes des noms des milliers de victimes du ghetto de Minsk. Environ 22 000 hommes, femmes et enfants, ont été déportés, directement ou via le ghetto de Minsk, de Cologne, Düsseldorf, Berlin, Brême, Hambourg, Francfort, Vienne et Theresienstadt à Maly Trostenets. En conclusion de cette journée, Roland Lauder déclara lors de la cérémonie commémorative :

« La principale leçon que nous devons tous apprendre aujourd'hui est qu'il est nécessaire de lutter contre toutes les manifestations de racisme, l'antisémitisme, la xénophobie et l'intolérance »

---

partisans estiment que sa politique a permis d'éviter au pays les pires effets de la transition au capitalisme de l'ère post-soviétique.

213 Ronald Lauder a été élu président du Congrès juif mondial le 10 juin 2007 et confirmé dans ce poste par l'Assemblée plénière de cette organisation internationale en janvier 2009. Le 6 février 2013, il a été décoré de la Légion d'honneur par François Hollande, qui a salué l'« homme de paix, de culture et d'engagement. »

VII

LE NOMBRE DES VICTIMES DE LA SHOAH

Il est difficile d'établir avec une précision absolue le nombre de morts dans les camps nazis (extermination et concentration). L'évaluation du nombre total reste soumise à une marge d'erreur qu'il convient toutefois de réduire le plus possible. A cette incertitude, plusieurs raisons: les archives ont été partiellement détruites par les nazis et les recensements de population ne possédaient pas tous la même rigueur et la même fiabilité dans l'ensemble des pays concernés. De plus, les archives de certains pays (dans le bloc de l'ex URSS) ne sont pas toujours consultables aisément. Cependant, 3 études remarquables permettent d'avancer des chiffres très probables. Il s'agit des études de Raul Hilberg, *La destruction des Juifs d'Europe* (1988), de Eberhard Jäckel, *Enzyklopädie des Holocaust* (1993), de Franciszek Piper, *The Number of Victims* (2000). Pour l'ensemble des victimes (Juifs et autres): Chelmno entre 150 000 et 200 000 morts, Belzec entre 550 000 et 600 000 morts, Sobibor 200 000 morts, Treblinka entre 750 000 et 800 000 morts, Majdanek 400 000 morts et Auschwitz-Birkenau entre 1 100 000 et 1 200 000 morts, soit au total entre 3 150 000 morts fourchette basse et 3 400 000 morts fourchette haute pour les camps d'extermination nazis. En y ajoutant les victimes des camps de concentration, on arrive à plus de 4 millions de morts dans l'ensemble des camps nazis. Pour la seule communauté juive, le nombre de victimes dans les camps d'extermination est de 2 700 000 et dans les camps de concentration de 300 000, soit 3 millions de Juifs morts dans l'ensemble des camps nazis. A ces chiffres, il convient d'ajouter 1 300 000 Juifs tués par les *Einsatzgruppen* et 800 000 Juifs morts dans les ghettos (privations alimentaires, mauvais traitements, maladies, exécutions par balles etc.) Au total 5 112 000 Juifs au minimum furent assassinés par les nazis. Le Muséum Holocaust de Washington avance le total de 5 860 000 victimes.Vous trouverez ci-dessous le tableau comparatif du nombre de victimes juives réparties par pays à partir des travaux de Raul Hilberg et Eberhard Jäckel. Ces chiffres apportent un éclairage indispensable sur l'effroyable efficacité de la machine de mort nazie. 50% des Juifs d'Europe disparurent et 40% du judaïsme mondial, alors très fortement implanté en Europe. Ainsi, à titre d'exemple, la communauté juive de Pologne, pourtant très imposante avec pas moins de 3 350 000 personnes, fut quasiment anéantie avec 89, 5% de sa population exterminée.

CIVILS ET PRISONNIERS DE GUERRE EXTERMINES PAR LES NAZIS

Prisonniers soviétiques	3 500 000
Détenus dans les camps de concentration	1 100 000
Euthanasie des malades mentaux	70 000
Tziganes	240 000
Juifs	5 100 000

NOMBRE DE VICTIMES JUIVES REPARTIES PAR PAYS[214]

	Hilberg	Jäckel
Allemagne	+ de 120 000	141 500
Autriche	+ de 50 000	50 000
Belgique	24 000	28 900
Bulgarie	0	0
Danemark	0	60
Estonie	2000	2000
Finlande	0	7
France	75 000	77 320

214 Pour Raul Hilberg: parmi les victimes, les réfugiés sont comptés dans les pays à partir desquels ils ont été déportés (frontières de 1937). Pour Eberhard Jäckel: les réfugiés sont comptés dans les pays à partir desquels ils ont été déportés.

Grèce	60 000	67 000
Hongrie	+ de 180 000	569 000
Italie	9000	7680
Lettonie	70 000	71 500
Lituanie	130 000	143 000
Luxembourg	- de 1000	1950
Norvège	- de 1000	762
Pays-Bas	+ de 100 000	100 000
Pologne	3 000 000	3 000 000
Roumanie	270 000	287 000
Tchécoslovaquie	260 000	149 150
URSS	+ de 700 000	1 100 000
Yougoslavie	60 000	63 300
	5 112 000	**5 869 129**

% DE LA POPULATION JUIVE EXTERMINEE (selon les travaux de Raul Hilberg)

Allemagne	50%
Autriche	83%
Belgique	27%
Estonie	44%
France	28%
Grèce	81%
Hongrie	45%
Italie	18%
Lettonie	74%
Lituanie	90%
Luxembourg	33%
Norvège	50%
Pays-Bas	71%
Pologne	89, 5%
Roumanie	36%
Tchécoslovaquie	82, 5%
URSS	23%
Yougoslavie	80%

CHRONOLOGIE

1941

21 juin : déclenchement de l'opération Barbarossa.
28 juin : prise de Minsk par la *Wehrmacht.*
20 juillet : création du ghetto de Minsk.
Août : 5000 Juifs massacrés lors de plusieurs pogroms.
15 août : visite du *Reichsführer* SS Heinrich Himmler à Minsk.
Novembre : création du ghetto « Hambourg » à destination des Juifs d'Allemagne, d'Autriche et du Protectorat de Bohême-Moravie.
Novembre : ouverture du camp de Maly Trostenets en périphérie de Minsk.
7/8 novembre : 6000 à 8000 Juifs du ghetto de Minsk sont assassinés.
8 novembre : Lange confirme à Lohse que 25 000 Juifs d'Allemagne, d'Autriche et du Protectorat de Bohême-Moravie doivent être prochainement déportés à l'Est.
8 novembre : 990 Juifs de Hambourg sont déportés à Minsk.
10 novembre : 993 Juifs de Düsseldorf sont déportés à Minsk.
11 novembre : 1042 Juifs de Francfort-sur-le-Main sont déportés à Minsk.
14 novembre : 1030 Juifs de Berlin sont déportés à Minsk.
16 novembre : 999 Juifs de Brünn (Brno) sont déportés à Minsk.
18 novembre : 908 Juifs de Hambourg et de Brême sont déportés à Minsk.
20 novembre : 5000 Juifs du ghetto de Minsk sont assassinés.

28 novembre : 1001 Juifs de Vienne sont déportés à Minsk.

1942

2/3 mars : 5000 à 8000 Juifs du ghetto de Minsk sont assassinés.
Avril : Reinhard Heydrich ordonne au commandant Eduard Strauch d'exécuter immédiatement tous les déportés après leur arrivée à Minsk.
11 mai : 1000 Juifs de Vienne sont déportés à Minsk.
11 mai : première exécution démontrable à Maly Trostenets.
26 mai : 1000 Juifs de Vienne sont déportés à Minsk.
Juin : emploi des camions à gaz dans le secteur de Minsk.
1er juin : 998 Juifs de Vienne sont déportés à Minsk.
9 juin : 999 Juifs de Vienne sont déportés à Minsk.
15 juin : 1000 Juifs de Vienne sont déportés à Minsk.
26 juin : 465 Juifs de Königsberg sont déportés à Minsk.
18 juillet : 1000 Juifs de Theresienstadt sont déportés à Minsk.
24 juillet : 1000 Juifs de Cologne sont déportés à Minsk.
28/29 juillet : 3500 à 8000 Juifs du ghetto de Minsk sont assassinés.
Août : construction d'une gare de chemin de fer à Maly Trostenets pour une arrivée directe des convois.
10 août : 993 Juifs de Theresienstadt sont déportés à Maly Trostenets.
21 août : 1000 Juifs de Vienne sont déportés à Maly Trostenets.
28 août : 1000 Juifs de Theresienstadt sont déportés à Maly Trostenets.
4 septembre : 1000 Juifs de Vienne sont déportés à Maly Trostenets.

12 septembre : 1000 Juifs de Theresienstadt sont déportés à Maly Trostenets.
18 septembre : 1000 Juifs de Vienne sont déportés à Maly Trostenets.
25 septembre : 1000 Juifs de Theresienstadt sont déportés à Maly Trostenets.
9 octobre : 547 Juifs de Vienne sont déportés à Maly Trostenets.

1943

Février : gazage de 3000 partisans à Minsk.
Mai : le village de Trostenets est transformé en un *Wehrdorf* (village protégé).
Octobre : création du Petit ghetto de Minsk.
21 octobre : liquidation du ghetto de Minsk. Les 2000 Juifs survivants sont exécutés à Maly Trostenets.
A partir du 27 octobre : les *Sonderkommandos* 1005 procèdent à l'exhumation et à la crémation des cadavres à Maly Trostenets.

1944

28/30 juin : 6500 personnes (Juifs et prisonniers) sont assassinés lors de l'évacuation de Minsk.
30 juin : les SS brûlent l'ensemble du camp de Maly Trostenets.
3 juillet : libération de Minsk par l'Armée rouge soviétique.

1963

21 mai : condamnation par la Cour fédérale de Coblence de 11 anciens membres de la Kds de Minsk.
Installation du mémorial de Maly Trostenets.

ANNEXES

Détail des fosses retrouvées par la Commission d'État extraordinaire soviétique sur le site de Blagovshchina

Fosse	Dimensions (m)	Superficie	Volume
1	50 x 5 x 5	250.0	1,250.0
2	27 x 4.5 x 5	121.5	607.5
3	42 x 5 x 4.5	210.0	945.0
4	50 x 5 x 5	250.0	1,250.0
5	38 x 5 x 5	190.0	950.0
6	24 x 5 x 5	120.0	600.0
7	58 x 5 x 5	290.0	1,450.0
8	57 x 5 x 5	285.0	1,425.0
9	53 x 5 x 5	265.0	1,325.0
10	45 x 5 x 5	225.0	1,125.0
11	51 x 5 x 5	255.0	1,275.0
12	5 x 5 x 4.5	25.0	112.5
13	50 x 5 x 4.5	250.0	1,125.0
14	45 x 5 x 5	225.0	1,125.0
15	9 x 2 x 5	18.0	90.0
16	35 x 5 x 5	175.0	875.0
17	30 x 6 x 5	180.0	900.0
18	27 x 5 x 5	135.0	675.0
19	69 x 5 x 5	345.0	1,725.0
20	5 x 3 x 5	15.0	75.0
21	27 x 5 x 5	135.0	675.0
22	27 x 5 x 5	135.0	675.0
23	30 x 5 x 5	150.0	750.0
24	15 x 5 x 5	75.0	375.0
25	6 x 4 x 5	24.0	120.0

26	10 x 5 x 5	50.0	250.0
27	6 x 4 x 5	24.0	120.0
28	6 x 4 x 5	24.0	120.0
29	6 x 4 x 5	24.0	120.0
30	6 x 5 x 5	30.0	150.0
31	6 x 5 x 5	30.0	150.0
32	50 x 5 x 5	250.0	1,250.0
33	36 x 5 x 5	180.0	900.0
34	36 x 5 x 5	180.0	900.0
Total:		5,140.5	25,460.0

P. KOHL, *Das Vernichtungslager Trostenez* , *Opus cit*., pp. 19-20

Les convois exterminés à Maly Trostenets selon la Cour fédérale de Coblence.

(*Justiz und NS-Verbrechen,* vol. XIX, *Opus cit.*, p. 195.)

	Départ	Dépor-tés	Date d'arrivée	Arrivée	Min.de tués
Da 201	Vienne	1000	Le 11 mai 42	Minsk	900
Da 203	Vienne	1000	Le 26 mai 42	Minsk	900
Da 204	Vienne	998	1 juin 42	Minsk	900
Da 205	Vienne	999	5 au 9 juin 42	Minsk	900
Da 206	Vienne	1000	15 juin 42	Minsk	900
Da 40	Königsberg	465	26 juin 42	Minsk	400
Da 220	Theresienstadt	1000	18 juillet 42	Minsk	900
Da 219	Cologne	1000	24 juillet 42	Minsk	900
Da 222	Theresienstadt	993	10 août 42	Troste-nets	900
Da 223	Vienne	1000	21 août 42	Troste-nets	900
Da 224	Theresienstadt	1000	28 août 42	Troste-nets	900
Da 225	Vienne	1000	4 septembre 42	Troste-nets	900

Da 226	Theresienstadt	1000	12 septembre 42	Troste-nets	900
Da 227	Vienne	1000	18 septembre 42	Troste-nets	900
Da 228	Theresienstadt	1000	25 septembre 42	Troste-nets	900
Da 230	Vienne	547	9 octobre 42	Troste-nets	500
Tot:		**15002**			**13500**

Les 4 cas retenus par la Cour fédérale de Coblence concernant directement le camp de Maly Trostenets

Les opérations de transport 11 mai - 9 octobre 1942	13500
Compensation partielle de la ghetto de Minsk, 28-30 juillet 1942	9000
Liquidation du ghetto de Minsk, automne 1943	4000
Exécutions au cours de l'évacuation de Minsk, fin juin 1944	500
Nombre total de victimes selon le verdict:	**27000**

Statistiques des déportations pour le Reich et le Protectorat au 31 décembre 1942 avant les grandes rafles de Berlin

Territoire	Déportés « évacués »	Restant au 1/1/1943	Pouvant être déportés	Des mariages mixtes
Ancien *Reich*	100516	51327	34567	16760
Autriche	47555	8102	3299	4803
Protectorat	69677	15550	9339	6211
Total	217748	74979	47205	27774

Rapport de Richard Korherr, fonctionnaire nazi, pour la SS, le 19 avril 1943. NO-5193. Les statistiques de l'ancien *Reich* incluent les Sudètes. Toujours d'après Korherr, les 51 327 Juifs de l'ancien *Reich* n'étaient plus que 31 910 dans les trois premiers mois de 1943. Le 19 juin 1944, le « conseil juif des anciens (*Aellestenrat der Juden*) de Prague faisait état de 69 809 Juifs déportés à Theresienstadt et de 7000 « évacués », soit un chiffre total proche de 77 000. *Aellestenrat à Zentralrat für die Regelung der Judenfrage in Böhmen und Mähren*, 19 juin 1944, Police israélienne 1192 (cité par Raul Hilberg). Au total, au moins 250 000 Juifs furent déportés du territoire du *Reich* et du Protectorat, la moitié provenant de l'ancien *Reich*, 50 000 d'Autriche et le reste du Protectorat.

INDEX

Index des noms

Index des lieux, des villes et des pays

BIBLIOGRAPHIE

Sources utilisées pour l'écriture de cet ouvrage :

Belorussian State Museum of the History, Minsk
Mémorial de la Shoah, Paris
United States Holocaust Memorial Museum (USHMM), Washington
Mémorial de Yad Vashem, Jérusalem

La base de données, constituée par l'institut commémoratif israélien de Yad Vashem contient les noms de plus de trois millions de victimes de la Shoah. Cette base peut être utilisée pour effectuer une recherche individuelle. Il est possible de consulter également le *Gedenkbuch des Bundesarchivs für die Opfer der nationalsozialistischen Judenverfolgung in Deutschland, 1933–1945* (*Livre du souvenir des archives fédérales pour les victimes des persécutions des juifs par le régime national-socialiste en Allemagne, 1933-1945*).

Zentrum für Antisemitismusforschung, Berlin
Institut für Zeitgeschichte
Institut Historique Allemand, Paris
Austrian Holocaust Memorial Service (AHMS), Vienne
Museum of History of Polish Jews (*Muzeum Historii Żydów Polskich*), Varsovie
Bulletin de l'Institut historique juif

HG ADLER, *Der Mensch verwaltete. Studien zur Déportation der Juden aus Deutschland* , JLB Mohr (Paul Siebeck), Tübingen 1974.
HG ADLER, *Theresienstadt 1941-1945. Das Antlitz einer*

Zwangsgemeinschaft , 2e édition révisée, JLB Mohr (Paul Siebeck), Tübingen 1960.
Waltraud BARTON, *Ermordet in Maly Trostinec. Die österreichischen Opfer der Shoa in Weißrussland.* new academic press, Wien 2012.
Waltraud BARTON, *Maly Trostinez erinnern. Vom Fehlen unserer Nachbarn.* In Zwischenwelt. Zeitschrift für Kultur des Exils und des Widerstands. Hg. Theodor Kramer, Wien 2012.
Marat BOTVINNIK, *Belarusi de Pamjatniki genocida* , Belaruskaja Navuka, Minsk, 2000.
Wolfgang CURILLA, *Die deutsche Ordnungspolizei und der Holocaust im Baltikum und Weissrussland 1941-1944* , Ferdinand Schöningh, Paderborn 2006.
Ilya EHRENBURG, Vassili GROSSMAN, David PATTERSON (dir.), *The Complete Black Book of Russian Jewry*, Transaction Publishers, New Brunswick Londres 2002.
Barbara EPSTEIN, *The Minsk Ghetto 1941-1943 : Jewish resistance and Soviet internationalism*, University of California Press 2008.
Jochen FUCHS, Janine LÜDTKE, Maria SCHASTNAYA, *Stätten des Gedenkens in Belarus: Chatyn und Maly Trostinec.* Teil 1: Maly Trostinec. In: Gedenkstättenrundbrief 2007.
Christian GERLACH, *Kalkulierte Morde. Die deutsche und Wirtschafts- Vernichtungspolitik dans Weißrussland* , Hamburger édition, Hambourg, 1999.
Wassili GROSSMAN, Ilja EHRENBURG, *Das Schwarzbuch - der Genozid an den sowjetischen Juden.* 1994, Reinbek.
Jens HOFFMANN, *Das Kann man micht erzâhlen: Aktion 1005- Wie die Nazis die Sporen ihrer Massenmorde in Osteuropa beseitigten*, Berlin, KLV 2008.
Heinz HÖHNE, *L'ordre noir, histoire de la SS*, Tournai, Casterman 1972.

Miroslav KARNY,*Terezínská pamětní kniha. Židovské oběti nacistických deportací z Čech a Moravy 1941 - 1945*, 2 Bde., Nadace Terezínská iniciativa – 1995 (Theresienstädter Gedenkbuch. Jüdische Opfer der Nazi-Deportationen aus Böhmen und Mähren 1941–1945).
Paul KOHL, *Der Krieg der deutschen und der Wehrmacht Polizei 1941-1944. Sowietische Überlebende berichten*, Fischer, Frankfurt am Main, 1995.
Paul KOHL, *Das Vernichtungslager Trostenez. Augenzeugenberichte und Dokumente*, IBB - Internationales Bildungs- und Begegnungswerk, Dortmund 2003.
Petr KRYSMSKY, « *Trostenec - Belorusskiy 'Osvencim*», Rossiiskie vesti , n ° 16, 11 au 18 mai 2005.
Karl LÖWENSTEIN, *Minsk: Im Lager der deutschen Juden* (Erlebnisbericht des ehemaligen Leiters des Jüdischen Ordnungsdienstes). In: Aus Politik und Zeitgeschichte. Beilage zu „Das Parlament", B. 45/46 vom 7. November 1956.
Heinz ROSENBERG, *Jahre des Schreckens. "...und ich blieb übrig, daß ich Dir's ansage".* (Erlebnisbericht eines aus Hamburg stammenden jungen Juden) Steidl, Göttingen 1985.
State of Israël, Ministry of Justice, *The Trial of Adolf Eichmann*, Jersusalem 1995.
"Unsere Ehre heißt Treue" S. 246, 250–257: Tätigkeitsberichte des SS-Unterscharführers Arlt, unter anderem über das Eintreffen von Zügen mit deutschen, österreichischen und tschechischen Juden und über ihre Ermordung. (Arlt nicht zu verwechseln mit dem gleichnamigen Fritz Artl). Europa Verlag, Wien 1965; wieder Baulino-Verlag 1985.
Petra RENTROP, *Maly Trostinez*, dans: Wolfgang BENZ, Barbara DISTEL, *Der Ort des Terrors* , vol. 9, CH Beck, Munich 2009.
Petra RENTROP, *Tatorte der "Endlösung". Das Ghetto*

Minsk und die Vernichtungsstätte von Maly Trostinez. Metropol, Berlin 2011.
Hans SAFRIAN, *Eichmann und seine Gehilfen*, Fischer, Francfort 1995.
Gertrude SCHNEIDER, *Exil and Destruction : The fate of Austrian Jews, 1938-1945* , Praeger, Westport Connecticut 1995.
Hersch SMOLAR, *The Minsk Ghetto : Soviet-Jewish partisans against the Nazis*, Holocaust Library 1989.
Shmuel SPECTOR, *Aktion 1005. Effacing the Murder of Millions in Holocaust and Genocide Studies*, vol 5, n°2, 1990.

Sur la Shoah et les camps nazis en français
(bibliographie sélective) :

Amicale d'Oranienburg-Sachsenhausen, *Sachso*, Paris, Plon 1982.
Amicale de Neuengamme, *Neuengamme, camp de concentration nazi*, Tirésias 2010.
François BEDARIDA, *La politique nazie d'extermination*, Paris, Albin Michel 1989.
Georges BENSOUSSAN, *Histoire de la Shoah*, Paris, PUF 2012.
Joseph BILLIG, *Les camps de concentration dans l'économie du Reich*, Paris, PUF 1973.
Joseph BILLIG, *L'hitlérisme et le système concentrationnaire*, Paris, PUF 2000.
Florent BRAYARD, *Auschwitz : enquête sur un complot nazi*, Paris, Seuil 2012.
Florent BRAYARD, *La Solution finale de la question juive : la technique, le temps et les catégories de la décision*, Paris, Fayard 2004.
Richard BREITMAN, *Himmler et la solution finale*, Paris, Calmann-Levy 2009.

Christopher BROWNING, *Des hommes ordinaires : le 101e bataillon de réserve de la police allemande et la Solution finale en Pologne*, Paris, Tallandier 2007.
Margerete BUBER-NEUMANN, *Déportée à Ravensbrück*, Paris, Seuil 1985.
Didier CHAUVET, *Le nazisme et les Juifs : caractères, méthodes et étapes de la politique nazie d'exclusion et d'extermination*, Paris, L'Harmattan 2011.
Pierre DAIX, *Bréviaire pour Mauthausen*, Paris, Gallimard 2005.
Lucy S. DAWIDOWICZ, *La Guerre contre les Juifs*, Paris, Hachette 1977.
Marcio D.DEDERICHS, *Heydrich : le visage du mal*, Paris, Tallandier 2007.
Jacques DELARUE, *Histoire de la Gestapo*, Paris, Fayard 1987.
Norman G. FINKELSTEIN, *L'industrie de l'Holocauste : réflexions sur l'exploitation de la souffrance des Juifs*, Paris, La Fabrique 2001.
Gerald FLEMING, *Hitler et la solution finale*, Paris, Julliard 1988.
Saul FRIEDLÄNDER, *L'Allemagne nazie et les Juifs*, 2 vol., Paris, Seuil 1997.
Martin GILBERT, *Atlas de la Shoah*, Paris, L'Aube 1992.
Zalmen GRABOWSKI, *Au cœur de l'enfer : témoignage d'un Sonderkommando d'Auschwitz*, Paris, Tallandier 2009.
Anne GRYNBERG, *La Shoah : l'impossible oubli*, Paris, Gallimard 1995.
Raul HILBERG, *La destruction des Juifs d'Europe*, 3 vol., Paris, Gallimard 2006.
Rudolf HÖSS, *Le commandant d'Auschwitz parle*, Paris, François Maspero 1979.
Edouard HUSSON, *Heydrich et la solution finale*, Paris, Perrin 2008.
Ian KERSHAW, *Hitler*, 2 vol., Paris, Flammarion 2006.

Eugen KOGON, *L'Etat SS, le système des camps de concentration allemands*, Paris, Seuil 1993.
Eugen KOGON, Hermann LANGBEIN, Adalbert RÜCKERL, *Les Chambres à gaz. Secret d'État*, Paris, Minuit 1984.
Robert KUWALEK, *Belzec : le premier centre de mise à mort*, Paris, Calmann-Levy 2013.
Jean-Luc LELEU, *La Waffen SS : soldats politiques en guerre*, 2 vol., Paris, Perrin 2014.
Primo LEVI, *Si c'est un homme*, Paris, Pocket 1988.
Peter LONGERICH, *Himmler : biographie*, Paris, Héloise d'Ormesson 2010.
Arno J. MAYER, *La Solution finale dans l'histoire*, Paris, La Découverte 1990.
Leon POLIAKOV, *Juger Eichmann*, Paris, Calmann-Levy 1999.
Micheal PRAZAN, *Einsatzgruppen : les commandos de la mort nazis*, Paris, Seuil 2012.
Jean-Claude PRESSAC, *Les crématoires d'Auschwitz : la machinerie du meurtre de masse*, Paris, CNRS 1993.
Laurence REES, *Auschwitz : les nazis et la solution finale*, Paris, Albin Michel 2005.
Marcel RUBY, *Le livre de la déportation*, Paris, Robert Laffont 1995.
Robert STEEGMAN, *Le camp de Natzweiler-Struthof*, Paris, Seuil 2009.
Jean-François STEINERT, *Treblinka : la révolte d'un camp d'extermination*, Paris, Fayard 1994.
Marlis STEINERT, *Hitler*, Paris, Fayard 1991.
Germaine TILLION, *Ravensbrück*, Paris, Seuil 1997.
Maurice VOUTEY, *Les camps nazis*, Paris, Graphein 1999.
Georges WELLERS, *Les chambres à gaz ont existé. Des documents, des témoignages, des chiffres*, Paris, Gallimard 1981.
Annette WIEVIORKA, *Auschwitz : la Solution finale*,

Paris, Tallandier 2005.
Annette WIEVIORKA, *Auschwitz, 60 ans après*, Paris, Robert Laffont 2004.
David WINGEATE-PIKE, *Mauthausen. L'enfer nazi en Autriche*, Paris, Privat 2004.
Robert WISTRICH, *L'Europe, Hitler et la Shoah*, Paris, Albin Michel 2005.
Olga WORMSER-MIGOT, *L'ère des camps*, Paris, Union générale d'éditions 1973.

Sur la Shoah et les camps nazis en allemand
(bibliographie sélective:)

Der Prozess gegen die Hauptkriegsverbrecher vor dem Internationalen Militärgerichtshof. Nürnberg 14. November 1945 – 1. Oktober 1946. 23 Bände. Nürnberg 1947.
Uwe Dietrich ADAM, *Judenpolitik im Dritten Reich*, Droste Verlag, Düsseldorf 1972.
Götz ALY, *Endlösung. Völkerverschiebung und der Mord an den europäischen Juden.* Fischer-Taschenbuch-Verlag, Frankfurt am Main 1998.
David BANKIER, *Die öffentlicher Meinung im Hitler-Staat. Die « Endlösung » und die Deutschen. Eine Berichtitung*, Berlin, Berlin Verlag 1995.
Wolfgang BENZ, Barbara Distel (Hrsg.), *Der Ort des Terrors. Geschichte der nationalsozialistischen Konzentrationslager*, 9 Bände, C. H. Beck, München 2005–2009.
Martin BROSZAT, *Studien zur Geschichte der Konzentrationslager.* Deutsche Verlagsanstalt, Stuttgart 1970.
Christopher R. BROWNING, *Die Entfesselung der „Endlösung". Nationalsozialistische Judenpolitik 1939–*

1942. Propyläen, Berlin 2006.
Bernward DÖRNER, D*ie Deutschen und der Holocaust. Was niemand wissen wollte, aber jeder wissen konnte*, Berlin, Propyläen 2007.
Alfred GOTTWALD, Diana SCHULLE, *Die ‚Judendeportationen' aus dem Deutschen Reich 1941–1945,* Wiesbaden 2005.
Israel GUTMAN (ed), *Enzyklopädie des Holocaust*, Piper, München 1998.
Ulrich HERBERT(Hrsg.), *Nationalsozialistische Vernichtungspolitik 1939-1945. Neue Forschungen und Kontroversen.* Fischer TB, Frankfurt am Main 1998.
Hermann LANGBEIN, *Der Auschwitz-Prozeß. Eine Dokumentation*, 2 vol., Neue Kritik Verlag, Francfort-sur-le-Main 1995.
Wiebke PRIEBE, *Unterrichtsthema Holocaust in der Förderschule: Empirische Untersuchung zur Entwicklung eines Unterrichtskonzepts.* Klinkhardt, 2006.
Eberhard JÄCKEL (Hrsg.), *Enzyklopädie des Holocaust. Die Verfolgung und Ermordung der europäischen Juden.* Piper, München 1998.
Peter LONGERICH, *Der ungeschriebene Befehl. Hitler und der Weg zur „Endlösung".* Piper, München 2001.
Peter LONGERICH, *Politik der Vernichtung. Eine Gesamtdarstellung der nationalsozialistischen Judenverfolgung*, Piper, München 1998.
Adalbert RÜCKERL (Hrsg.), *Nationalsozialistische Vernichtungslager im Spiegel deutscher Strafprozesse. Belzec, Sobibor, Treblinka, Chelmno*. Deutscher Taschenbuch Verlag, München 1977.
Karin ORTH, *Das System der nationalsozialistischen Konzentrationslager. Eine politische Organisationsgeschichte.* Pendo, Zürich/München 2002.
Kurt PATZOLD, Manfred WEIßBECKER, *Adolf Hitler. Eine politische Biographie.* Militzke, Leipzig 1995.
Franciszek PIPER, Teresa ŚWIEBOCKA

(Redaktion), *Auschwitz.Nationalsozialistisches Vernichtungslager.* Hrsg.: Staatliches Museum Auschwitz-Birkenau, 2011.
Dieter POHL ,*Holocaust. Die Ursachen – das Geschehen – die Folgen.* 2. Auflage. Herder, Freiburg 2000.
Dieter POHL, *Verfolgung und Massenmord in der NS-Zeit 1933–1945.* Darmstadt 2003.
Richard RHODES, *Die deutschen Mörder. Die SS-Einsatzgruppen und der Holocaust.* Lübbe, Bergisch Gladbach 2004.
Lea ROSH, Eberhard JÄCKEL, *Der Tod ist ein Meister aus Deutschland. Deportation und Ermordung der Juden. Kollaboration und Verweigerung in Europa.* DTV, München 1993.
Wolfgang SOFSKY, *Die Ordnung des Terrors: Das Konzentrationslager.* S. Fischer, Frankfurt a.M. 1993.

Toutes les notes bas de page sont de l'auteur.

TABLE DES MATIERES

L'histoire
aux éditions L'Harmattan

Dernières parutions

TROUPES (LES) COLONIALES D'ANCIEN RÉGIME
Fidelitate per Mare et Terras
Lesueur Boris - Préface de Michel Vergé-Franceschi
«Le désavantage des colonies qui perdent la liberté de commerce est visiblement compensé par la protection de la Métropole qui les défend par ses armes ou les maintient par ses lois». Cette phrase de Montesquieu résume les liens compliqués entre une métropole et ses colonies sous l'Ancien Régime. La prospérité apportée par les colonies devait être souvent défendue avec acharnement. Des compagnies détachées aux régiments coloniaux, l'aventure des soldats au temps de la Nouvelle-France et des Iles demeure singulière et mal connue.
(SPM, Coll. Kronos, 45.00 euros, 534 p.)
ISBN : 978-2-917232-28-6, ISBN EBOOK : 978-2-336-36549-7

DROIT (LE) DES NOIRS EN FRANCE AU TEMPS DE L'ESCLAVAGE
Textes choisis et commentés
Boulle Pierre H., Peabody Sue
En France entre le XVIe siècle et le XIXe siècle, la vision de l'individu doté d'une liberté formelle fut confrontée à l'existence de l'esclavage aux colonies, en particulier lorsqu'à partir de 1716 une exception au principe du sol libre fut octroyée aux planteurs qui souhaitaient amener en métropole leurs esclaves domestiques. Tout un appareil juridique dut être créé pour accommoder cette exception. Le présent ouvrage cherche à illustrer les différentes étapes que prit cette recherche d'un équilibre entre liberté et esclavage.
(Coll. Autrement Mêmes, 29.00 euros, 291 p.)
ISBN : 978-2-343-04823-9, ISBN EBOOK : 978-2-336-36295-3

ÂGES (LES) DE L'HUMANITÉ
Essai sur l'histoire du monde et la fin des temps
Bolton Robert
Comment, quand et pourquoi le monde a-t-il commencé ? Et quand touchera-t-il à son terme ? Les deux mille dernières années sont analysées en termes de cosmologie traditionnelle, à l'aide de la science des nombres afin de permettre le calcul de la position de notre époque dans l'ère à laquelle elle appartient. L'auteur arrive à la conclusion qu'il y a de fortes probabilités pour que son terme coïncide avec la fin des temps.
(Coll. Théôria, 28.00 euros, 272 p.)
ISBN : 978-2-343-03921-3, ISBN EBOOK : 978-2-336-36288-5

DIVINATION (LA) DANS LA ROME ANTIQUE
Études lexicales
François Guillaumont et Sophie Roesch (éds.)
Les Romains vivaient dans un monde peuplé de signes de la volonté des dieux. Savoir lire ces signes, par le biais de la divination, permettait aux hommes de s'assurer le succès de leurs entreprises. L'objet de ce recueil est de compléter par une approche lexicale les nombreuses publications déjà consacrées à ce domaine de la religion antique, afin de mieux définir les croyances et les pratiques divinatoires des Romains.
(Coll. Kubaba, 15.50 euros, 150 p.)
ISBN : 978-2-343-04273-2, ISBN EBOOK : 978-2-336-36431-5

DISPARITION (LA) DU DIEU DANS LA BIBLE ET LES MYTHES HITTITES
Essai anthropologique
Nutkowicz Hélène, Mazoyer Michel
Drames et tragédies se succèdent qui voient les destructions de la nature, de l'homme et du cosmos dans les royaumes tant hatti que judéen, témoins de la rupture entre le monde terrestre et le monde divin. Quelles explications les peuples touchés par ces situations de crises apportent-ils ? Quels sont les points partagés et les divergences développées par ces deux peuples ?
(Coll. Kubaba, série Antiquité, 22.00 euros, 214 p.)
ISBN : 978-2-343-04876-5, ISBN EBOOK : 978-2-336-36434-6

ÉCHANGES (LES) MARITIMES ET COMMERCIAUX DE L'ANTIQUITÉ À NOS JOURS (2 volumes)
Sous la direction de Philippe Sturmel
Tous les peuples, ou presque, ont voulu faire de la mer et des océans leur terrain de jeu, de chasse, d'échanges ou d'aventures. A l'aube de l'époque moderne, la navigation commerciale connaît un essor spectaculaire et les terres apparaissent comme un obstacle à son développement. La mer, enfin, comme lieu de toutes les spéculations, intellectuelles, philosophiques ou utopiques. C'est cette grande histoire que les communications rassemblées dans cet ouvrage ont l'ambition de raconter.
(Volume 1, Coll. Méditerranées, 31.00 euros, 300 p.)
ISBN : 978-2-343-03509-3, ISBN EBOOK : 978-2-336-36383-7
(Volume 2, Coll. Méditerranées, 30.00 euros, 294 p.)
ISBN : 978-2-336-30724-4, ISBN EBOOK : 978-2-336-36382-0

MENSONGES DE L'HISTOIRE (Tome 2)
Monteil Pierre
Avec simplicité, esprit critique et objectivité, l'auteur s'attaque, dans ce second tome, à de nouveaux «mensonges de l'Histoire» : ainsi, saviez-vous que l'Enfer est une conception médiévale ? Que les chiffres arabes sont en réalité indiens ? Que Gutenberg n'a pas inventé l'imprimerie ? Qu'Abraham Lincoln était raciste ? Que l'Allemagne nazie fut le premier pays dans l'espace ?
(Coll. Rue des écoles, 30.00 euros, 300 p.)
ISBN : 978-2-343-04362-3, ISBN EBOOK : 978-2-336-36119-2

LES VOYAGEUSES D'ALBERT KAHN (1905-1930)
Vingt-sept femmes à la découverte du monde
Arasa Yaelle
Entre 1905 et 1930, Albert Kahn, riche banquier autodidacte, crée en France, une bourse féminine Autour du monde, octroyée aux plus brillantes des jeunes femmes titulaires de l'agrégation. Les lauréates se nourrissent, durant une année, d'un quotidien nomade, se frottant aux traditions les plus anciennes et à la modernité la plus échevelée. Courriers, rapports et carnets de bord narrent les changements de paysage, du monde, de la société, de l'enseignement féminin et de la vie des femmes durant un quart de siècle.
(38.00 euros, 382 p.)
ISBN : 978-2-343-04419-4, ISBN EBOOK : 978-2-336-36174-1

MYTHE (LE) INDO-EUROPÉEN DU GUERRIER IMPIE
Blaive Frédéric, Sterckx Claude
Cet ouvrage s'appuie sur les travaux de comparatisme indo-européen initié par Georges Dumézil et plus particulièrement d'un mythème de «guerrier impie» s'attaquant obstinément à tous les niveaux du sacré, du droit et du juste, repoussant dédaigneusement les avertissements divins et s'obstinant dans sa démesure jusqu'à succomber. Ces enquêtes rendent compte des formes et des motivations propres à chaque culture du guerrier impie (tels que les Grecs Achille et Bellérophon, les Romains César et Julien l'Apostat, l'Irlandais Cuchulainn, le Scandinave Harald l'impitoyable, voire l'Anglais Richard III).
(Coll. Kubaba, série Antiquité, 22.00 euros, 224 p.)
ISBN : 978-2-336-30260-7, ISBN EBOOK : 978-2-336-35479-8

FIGURES ROYALES DES MONDES ANCIENS
Sous la direction de Michel Mazoyer, Alain Meurant et Barbara Sébastien
Dans les mondes indo-européen et méditerranéen, la royauté apparaît comme la forme naturelle et privilégiée de la souveraineté. Son souvenir est particulièrement bien conservé, nos sociétés modernes en ont largement hérité. Dix variations sur la royauté dans l'Antiquité, du monde celtique au domaine gréco-romain en passant par celui des Scythes et des Hittites sont ici proposées.
(Coll. Kubaba, 23.00 euros, 230 p.)
ISBN : 978-2-343-00291-0, ISBN EBOOK : 978-2-296-53505-3

ESSAIS D'HISTOIRE GLOBALE
Sous la direction de Chloé Maurel
Préface de Christophe Charle
L'histoire globale est une approche novatrice qui transcende les cloisonnements étatiques et les barrières temporelles et promeut un va-et-vient entre le local et le global. Développé depuis plusieurs années aux États-Unis, ce courant connaît un essor récent en France. Voici un tour d'horizon varié des travaux récents en histoire globale (concernant l'abolition de l'esclavage, l'histoire du livre et de l'édition, des revues et celle des organisations internationales).
(23.00 euros, 226 p.)
ISBN : 978-2-336-29213-7, ISBN EBOOK : 978-2-296-53077-5

VERS UN NOUVEL ARCHIVISTE NUMÉRIQUE
Ouvrage collectif coordonné par Valentine Frey et Matteo Treleani
La réinvention permanente apportée par le numérique suscite de nombreux débats. Notre rapport à la mémoire et à l'histoire, longtemps basé sur l'objet matériel et sa conservation physique, est à présent bouleversé. Les techniques ont beaucoup évolué, apportant de nouvelles problématiques, dans le domaine de l'informatique comme celui des sciences humaines. Quelles tensions entre technique et mémoire ? Comment se souvenir du passé à travers ses vestiges ? Que change le numérique ?
(Coll. Les médias en actes, 22.00 euros, 224 p.)
ISBN : 978-2-336-00174-6, ISBN EBOOK : 978-2-296-53103-1

MENSONGES (LES) DE L'HISTOIRE
Monteil Pierre
Chaque génération hérite des *a priori* et des idées reçues de la génération précédente. Ainsi, nombreux sont les mensonges de l'Histoire qui ont survécu jusqu'à nos jours. Nos ancêtres les Gaulois ? Napoléon était petit ? Au Moyen Age, les gens ne se lavaient pas ? Christophe Colomb a découvert l'Amérique ? Ce livre revient sur 80 poncifs considérés par beaucoup comme une réalité...
(Coll. Rue des écoles, 28.00 euros, 282 p.)
ISBN : 978-2-336-29074-4, ISBN EBOOK : 978-2-296-51351-8

FLAVIUS JOSÈPHE
Les ambitions d'un homme
Cohen-Matlofsky Claude
Quelles furent les ambitions cachées de Flavius Josèphe, historien Juif de l'Antiquité ? Il prône, à travers ses écrits, le retour à la monarchie de type hasmonéen, à savoir d'un roi-grand prêtre, comme réponse à tous les maux de la Judée. La question fondamentale est la suivante : comment les élites locales ont-elles géré leurs relations avec la puissance romaine et quel rôle les membres de l'élite ont-ils assigné à leurs traditions et constitution politique dans cet environnement d'acculturation ?
(Coll. Historiques, série Travaux, 15.50 euros, 152 p.)
ISBN : 978-2-336-00528-7, ISBN EBOOK : 978-2-296-51387-7

MER (LA), SES VALEURS
Groupe «Mer et valeurs»
Sous la direction de Chantal Reynier – Préface de Francis Vallat
La mer, plus que jamais, est la chance des hommes et la clef de leur avenir. Elle leur apprend la responsabilité, suscite l'esprit d'initiative, mais elle oblige tout autant à rester humble devant ses forces naturelles. Le groupe de réflexion «Mer et Valeurs», réunissant navigants et universitaires, examine l'influence de ces valeurs rapportées à toutes les activités humaines. Des références historiques et géographiques illustrent le développement intellectuel et économique des pays qui se sont tournés vers la mer.
(21.00 euros, 188 p.)
ISBN : 978-2-336-00836-3, ISBN EBOOK : 978-2-296-51412-6

L'HARMATTAN ITALIA
Via Degli Artisti 15; 10124 Torino

L'HARMATTAN HONGRIE
Könyvesbolt ; Kossuth L. u. 14-16
1053 Budapest

L'HARMATTAN KINSHASA
185, avenue Nyangwe
Commune de Lingwala
Kinshasa, R.D. Congo
(00243) 998697603 ou (00243) 999229662

L'HARMATTAN CONGO
67, av. E. P. Lumumba
Bât. – Congo Pharmacie (Bib. Nat.)
BP2874 Brazzaville
harmattan.congo@yahoo.fr

L'HARMATTAN GUINÉE
Almamya Rue KA 028, en face
du restaurant Le Cèdre
OKB agency BP 3470 Conakry
(00224) 657 20 85 08 / 664 28 91 96
harmattanguinee@yahoo.fr

L'HARMATTAN MALI
Rue 73, Porte 536, Niamakoro,
Cité Unicef, Bamako
Tél. 00 (223) 20205724 / +(223) 76378082
poudiougopaul@yahoo.fr
pp.harmattan@gmail.com

L'HARMATTAN CAMEROUN
BP 11486
Face à la SNI, immeuble Don Bosco
Yaoundé
(00237) 99 76 61 66
harmattancam@yahoo.fr

L'HARMATTAN CÔTE D'IVOIRE
Résidence Karl / cité des arts
Abidjan-Cocody 03 BP 1588 Abidjan 03
(00225) 05 77 87 31
etien_nda@yahoo.fr

L'HARMATTAN BURKINA
Penou Achille Some
Ouagadougou
(+226) 70 26 88 27

L'HARMATTAN SÉNÉGAL
10 VDN en face Mermoz, après le pont de Fann
BP 45034 Dakar Fann
33 825 98 58 / 33 860 9858
senharmattan@gmail.com / senlibraire@gmail.com
www.harmattansenegal.com

L'HARMATTAN BÉNIN
ISOR-BENIN
01 BP 359 COTONOU-RP
Quartier Gbèdjromèdé,
Rue Agbélenco, Lot 1247 I
Tél : 00 229 21 32 53 79
christian_dablaka123@yahoo.fr

Achevé d'imprimer par Corlet Numérique - 14110 Condé-sur-Noireau
N° d'Imprimeur : 118055 - Dépôt légal : avril 2015 - *Imprimé en France*